Schriften der Gesellschaft für Sozialen Fortschritt e. V.
Band 15

Vortragsveranstaltung
der Gesellschaft für Sozialen Fortschritt e. V.
am 28. Februar 1961 in Bonn

Probleme der
Integration der Jugend

Vorträge

DUNCKER & HUMBLOT / BERLIN

Alle Rechte vorbehalten
© 1961 Duncker & Humblot, Berlin
Gedruckt 1961 bei Berliner Buchdruckerei Union GmbH., Berlin SW 61
Printed in Germany

Vorwort

Wenn die Gesellschaft für Sozialen Fortschritt auf ihrer Veranstaltung am 28.Februar 1961 das Jugendthema „Probleme der Integration der Jugend" aufgriff, so folgte sie einerseits einer Anregung der Internationalen Vereinigung für Sozialen Fortschritt, die sich mit diesen Fragen bereits auf dem Kongreß in Brüssel und Lüttich im Jahre 1958 befaßt hat, andererseits wollte sie insbesondere den für die Jugendarbeit Verantwortlichen der beiden Sozialpartner Anregungen für neue Impulse und Gedankengänge geben. Sie wollte ihren Teil zu einem pädagogischen und sozialpädagogischen Brückenbau beitragen, um mit zu verhindern, daß ausgefahrene und überholte Wege weiterhin benutzt werden.

Als Vorbereitung dieser Tagung wurde mit Unterstützung des Studienbüros für Jugendfragen e. V., Bonn, unter der wissenschaftlichen Leitung von Frau Prof. Dr. Stephanie *Münke*, Berlin, eine Untersuchung „Der Einfluß des Lebensstandards der Familie auf Lebensgestaltung und Lebensplanung der Jugendlichen" durchgeführt.

Während bei der Veranstaltung nur Auszüge aus den interessanten Ergebnissen dieser wissenschaftlichen Forschungsarbeit vorgetragen werden konnten, wird im folgenden die gesamte Untersuchung veröffentlicht.

Herr Prof. Dr. Hans *Mieskes*, Gießen, entwickelte in seinem einführenden Referat „Probleme der gesellschaftlichen Integration unserer Jugend" die theoretischen Grundprobleme und umriß in prägnanter Form die diesbezüglichen Aufgaben und Verpflichtungen unserer heutigen Generation.

Die ebenfalls veröffentlichen Diskussionsbeiträge unterstreichen die Weite der Problematik, zeigen aber auch gleichzeitig die vielseitigen Bemühungen gesellschaftlicher Kräfte, die Integrierung der Jugend zu fördern und zu unterstützen.

Bonn, im September 1961

Klaus von Bismarck

Inhaltsverzeichnis

Vorwort 5

Eröffnung
D. Klaus von Bismarck, Köln, Präsident der Gesellschaft für Sozialen Fortschritt 9

Probleme der gesellschaftlichen Integration unserer Jugend
Prof. Dr. Hans Mieskes, Giessen 13

Integration 15

Integrationsprobleme und ihre Wirkung 19

Jugend und ihre Integrationsbereitschaft 24

Mittel und Medien der Integration 30

Stufen des Integrationsvollzuges 38

Der Einfluß des Lebensstandards der Familie auf Lebensgestaltung und Lebensplanung der Jugendlichen (Gesamtbericht)
Prof. Dr. Stephanie Münke, Berlin 40

    I. Einführung 40

    II. Ansatzpunkte für die Fragestellungen der Untersuchung im internationalen Vergleich 42

    III. Auswahl der Familien und Methode der Untersuchung 45

    IV. Lebensstandard und Lebensführung der Familien 50

    V. Geld in Händen der Heranwachsenden 65

    VI. Die Wahl von Ausbildung und Beruf 70

    VII. Freizeit und Freizeitverwendung 81

    VIII. Soziale Aktivität 86

    IX. Einflüsse auf die Lebensgestaltung der Heranwachsenden 91

    X. Familienbilder 93

    XI. Zusammenfassung 101

Diskussion

Dr. Anne Beelitz, Köln 105

Erika Böhl, Düsseldorf 108

Hans Joachim Wuppermann, Leverkusen 109

Dr. Heinz Markmann, Köln 113

Prof. Dr. E. Gerfeldt, Bad Godesberg 115

Prof. Dr. Hagen, Bonn 116

Erich Knirck, Stuttgart 118

Schlußwort

D. Klaus von Bismarck 120

Eröffnung

D. Klaus von Bismarck:

Meine einleitenden Bemerkungen möchte ich mit der Fragestellung beginnen, wie die Gesellschaft für Sozialen Fortschritt eigentlich zu den Themen unserer heutigen Veranstaltung gekommen ist. Es wird vielen ähnlich gehen wie mir: man bekommt manchmal ein wenig Angst vor den vielen Planungen und Diskussionen über Jugendfragen.

Das Jugendthema lag nahe, da es auf Vorschlag der Internationalen Vereinigung für Sozialen Fortschritt bereits auf dem Internationalen Kongreß in Brüssel und Lüttich im Jahr 1958 aufgegriffen worden war, außerdem haben wir 1957 in Berlin eine Veranstaltung mit dem Thema

„Jugend von heute — Gesellschaft von morgen"

durchgeführt*. Auch von daher hat sich die Fortführung weiterer Untersuchungen ergeben, über die uns Frau Prof. M ü n k e berichten wird. Trotzdem scheint es mir nützlich zu sein, sich noch einmal klarzumachen, daß die Beschäftigung mit dem Thema „Jugend" in den seltensten Fällen ganz zweckfrei ist. Jede Gruppe und jede Gesellschaftsordnung ist gezwungen, sich allein schon aus einem Selbsterhaltungstrieb mit dem Problem „Jugend" auseinanderzusetzen. Das muß man nüchtern sehen. Von daher besteht auch eine natürliche Neigung, die Motive der Jugenderziehung, -bildung und -pflege gelegentlich zu idealistisch darzustellen. Je mehr Pathos manchmal aufgewendet wird und je weiter die proklamierten Motive mit den eigentlichen Beweggründen auseinanderklaffen, desto fataler muß dies wirken. Dafür gibt es genügend Beispiele in totalitär regierten Ländern. Aber auch die bürgerliche Welt bietet manches extreme Beispiel; ich erwähne in diesem Zusammenhang gern ein Zitat von Brecht aus dem Ballett „Von den 7 Todsünden", in dem der Satz vorkommt: „Der Herr erleuchte unsere Kinder, daß sie den Weg erkennen, der zum Wohlstand führt."

Nüchtern sollte man die Motive überdenken, die einzelne Gruppen und Institutionen veranlassen, Jugendprobleme aufzugreifen und sich darüber klar sein, daß stets ein bestimmtes Eigeninteresse vorhanden ist. Die Gesellschaft für Sozialen Fortschritt, deren wichtigste Träger die Sozialpartner sind, hat ein natürliches Interesse, das auch durch ihre

---

* Vgl. Band 4 dieser Schriftenreihe.

Nähe zur industriellen Arbeitswelt bestimmt wird, Bildungs- und Ausbildungsfragen in sachlicher Abwägung darzustellen.

Es besteht kein Zweifel, daß bei einer nüchternen Betrachtung festgestellt werden muß, daß im Wirtschaftsleben Wissen und Fertigkeit für die Jugend Kapital darstellt. Berechtigt kann man sagen, daß der Bildungsstandard sehr oft dem Verdienststandard gleichzusetzen ist. Es scheint daher nicht abwegig zu sein, in Förderungsmaßnahmen für die Jugend Geld zu investieren. Trotzdem darf man sich mit dieser rein wirtschaftlichen Betrachtungsweise der Jugend in Form der Investierung von Bildung nicht identifizieren, und ich sage damit deutlich auch die Meinung des Vorstandes der Gesellschaft für Sozialen Fortschritt und der in ihrem Bereich vereinigten Gruppen und Menschen. Nur muß man diese zweckbestimmten Motivierungen kennen, um nicht zu falschen Schlußfolgerungen zu kommen.

Wenn es so ist, daß in unserer Gesellschaftsordnung Gruppen und Verbände aller Größenordnungen, die Familien, die Betriebe, die Interessenverbände und auch der Staat zu einem bestimmten Zweck sich Jugendfragen zuwenden, dann ist es erforderlich, daß sich diese unterschiedlichen Interessen ausbalancieren, zusammenstoßen, sich aussprechen. Von daher scheint es mir wichtig, daß es eine Basis gibt, auf der man demokratisch und der gemeinsamen Verantwortung für die Jugend bewußt sich aussprechen kann.

Mir ist in den zurückliegenden Jahren wiederholt aufgefallen, daß die junge Generation von älteren Menschen zwar dargestellt, aber nur bedingt verstanden wird. Es ist deshalb notwendig, daß die heute 30jährigen als Interpreten für das auftreten, was für die Jugend heute aktuell ist.

Es wäre falsch, bei einer Veranstaltung über Jugendfragen nur auf einer Empore eine beobachtende und teilnehmende Schar von Jugendlichen mit ins Spiel zu bringen, sondern wir müssen uns der Ergänzungsbedürftigkeit unserer Ansichten bewußt sein und deshalb auch jüngere Menschen hören, die von einer anderen Ebene unsere Welt betrachten.

Ich erwähnte bereits die Veranstaltung der Gesellschaft für Sozialen Fortschritt am 29. Mai 1957 in Berlin, die das Thema „Jugend von heute — Gesellschaft von morgen" behandelte. Ich erinnere mich dabei gern der wohl durchdachten Worte des verstorbenen Bürgermeister S u h r, der damals sagte: „Wenn es den Erwachsenen, insbesondere den Männern in verantwortlichen öffentlichen Stellungen nicht gelingt, Menschen von der Angst vor den Atomwaffen, von der Angst vor sozialer Unsicherheit, überhaupt von der Angst vor der Zukunft zu befreien, werden wir von der Jugend nicht erwarten können, daß sie sich frei und ungehemmt entfaltet. Jugend ist nur ein Spiegelbild der Welt der Erwachsenen."

Auch habe ich mir die damalige Aussage von Herrn E b e r s b a c h
unterstrichen, der von der abstrakten Gesellschaft und von der gemachten Welt der Erwachsenen sprach und die Tatsache erwähnte, daß viele
die Erwachsenen irritierenden und befremdenden Erscheinungen in der
Welt der Jugendlichen das Resultat einer Überforderung sind, die das
Leben in unserer Welt für die Jugendlichen mit sich bringt.

Herr Ebersbach hat damals einen Appell an unsere pädagogische Phantasie gerichtet. Er hat auch darauf hingewiesen, daß es notwendig sei,
Bildung und Arbeitswirklichkeit einander neu zuzuordnen, einander
näher zu bringen. Und mir scheint es, daß unsere damaligen Anregungen auch ein wenig mitbewirkt haben, daß nunmehr eine ganze Reihe
positiver Ansätze wahrnehmbar ist. Ich würde dazu auch die Bemühung
beider Sozialpartner um die Klärung wichtiger Jugendprobleme rechnen. Ich denke dabei an die Verlautbarung, die unter der tätigen Mitarbeit von Herrn Dr. A r l t von der Arbeitgeberseite herausgegeben wurden, oder an die Anregungen der Gewerkschaft zu Bildungsfragen. Ich
denke ferner an die vielseitigen Bemühungen um den zweiten Bildungsweg, denn auch hier gilt es mannigfaches Gestrüpp zu sichten, zu lichten
und zu roden, das insbesondere denjenigen noch im Wege steht, die nicht
über die konventionellen Bildungsbrücken das Ufer einer akademischen
Ausbildung erreichen möchten.

Eines der heutigen Themen: „Das Problem der gesellschaftlichen Integration unserer Jugend" ist von dem Referenten Herrn Prof. Dr. M i e s -
k e s formuliert worden, und wir haben es im Vorstand dankbar aufgenommen, weil wir der Meinung waren, daß diese Problemstellung
einer kooperativen Institution zugedacht ist. Wir haben uns um so mehr
für dieses Thema entschlossen, als wir wissen, daß Herr Prof. Dr. M i e s -
k e s ständig mit den Jugendverbänden zusammenarbeitet und daher
die besonderen Probleme unserer Jugend kennt, die sich für unsere
Gesellschaft nicht so unmittelbar darlegen.

Man könnte bereits jetzt schon eine kritische Bemerkung zu diesem
Thema machen und fragen, ob die Jugend nicht stets ein Glied der Gesellschaft ist und deshalb keiner besonderen Integration bedürfe. Aber
sicherlich wird der Referent auf diese Frage selbst eingehen. Zunächst
ist es gut, sich vor Augen zu halten, daß in der Bundesrepublik jeder
8. jugendliche Mensch im Alter von 16—25 Jahren Flüchtling ist. Dabei
möchte ich nur noch an die vielseitigen Schwierigkeiten der Eingliederung dieser jungen Menschen in unsere festgefügte demokratische Ordnung erinnern.

Aus meiner persönlichen Erfahrung möchte ich noch einige Dinge herausstellen, die eine Brücke bauen sollen, zu dem, was wir in dem Beitrag von Herrn Prof. M i e s k e s erwarten dürfen. Ich möchte darauf hinweisen, daß die jungen Menschen, die heute 17 bis 25 Jahre alt sind, in den Jahren 1936 bis 1944 geboren wurden. Wir haben also eine Nachkriegsgeneration vor uns, wenn wir heute von der Jugend reden. Wir tun gut daran, uns klarzumachen, daß das, was diese jungen Menschen an den Krieg, Flucht und Vertreibung, an den Zusammenbruch und die ersten Nachkriegsjahre erinnert, reine Erlebnisbilder sind, die isoliert als Kindheitserlebnisse noch irgendwo im Raum stehen. Aber irgendwelche Reflektionen über Schuld, über Verantwortung oder Mittäterschaft an den geschichtlichen Zusammenhängen der Nazizeit liegen diesen Menschen begreiflicherweise gänzlich fern.

Die technische Entwicklung und der Vorstoß der Rationalisierung, der gerade in Westdeutschland auch in den letzten 3 Jahren erfolgte, ist der Jugend vertraut. Die Kernforschung wird nicht als ein Wunder betrachtet. Es liegt der Jugend fern, den Kernvorgang mit irgendwelchen apokalyptischen Kulturdepressionen zu verbinden. Aber die Unsicherheit eines Teils der Eltern- und Pädagogengeneration gegenüber der modernen Welt können die jungen Menschen ebensowenig begreifen wie das „Erfinder-Selbstbewußtsein" eines anderen Teils der Elterngeneration.

Auf einen weiteren Tatbestand, der mir wichtig für die Behandlung unseres Themas scheint, möchte ich noch hinweisen, ich meine den Lebensstandard. Darüber werden wir von Frau Prof. Dr. M ü n k e interessante Einzelheiten erwarten dürfen. Eine große Mehrheit der westdeutschen Jugend hat keine Entbehrungen erlebt, und kann sich daher keine Vorstellungen machen, was Not und Sorge bedeuten können. Ein hoher Lebensstandard ist für sie selbstverständlich genauso wie die Tatsache, daß der Lebensstandard ständig steigt.

Ich habe den Eindruck, daß sich junge Menschen von heute in einer selbstverständlichen Weise daran gewöhnt haben, in einer Welt der Spannungen zu leben, in einer Welt also, die in ihren Zusammenhängen für keinen Menschen ganz durchschaubar ist, auch wenn man in kürzester Zeit jeden Punkt der Erde erreichen kann.

Meine einleitenden Bemerkungen sollten nur auf die Themen unserer Veranstaltung hinweisen und bereits jetzt zum Nachdenken anregen.

Probleme der gesellschaftlichen Integration unserer Jugend

Von Prof. Dr. Hans Mieskes

Postimur — so dürfte das Ziffernblatt unserer deutschen Schicksalsuhr heute beschriftet werden. Wir sind gefordert! aufgerufen in der Gegenwart, gestellt von ihren Forderungen; gebeutelt von der Schuld der Vergangenheit, verpflichtet zur Bewährung in der Zukunft. Das läßt sich zwar von jeder Zeitepoche ebenfalls behaupten, für die unsrige indes mit besonderer Betonung. Nie gab es einen umfangreicheren Aufgabenkatalog, aber auch keinen entscheidenderen, denn nochmaliges Versagen können wir uns bei Gefahr des Untergangs nicht mehr leisten. Ob wir bestehen werden? worin? wie?

Unter den zahlreichen Sentenzen, mit denen Freund und Feind hierüber ohne Ende orakeln, finden sich häufig Zweifel. Diese rechtfertigen sich aus einer nationalen Untugend, die es uns Deutschen angeblich schwer, wenn nicht unmöglich macht, eine geschichtliche Situation klar zu erkennen, eine Tat nüchtern zu vollziehen, vor allem aber beide einander zuzuordnen. Unsere Leidenschaft zum Problematisieren behindere die Tat; der deutsche Hang zur Romantik verflüchtige den Gedanken zur nebulösen Idee. Es fehle dem deutschen Leben unentwegt am Ausgleich, seinem Prinzip am Vollzug. Theorie und Wirklichkeit treten auseinander, Extremierung heiße die ständige Gefahr in Deutschland.

Wir brauchen nur die Geschicke Deutschlands zu rekapitulieren, um die beschworenen Zweifel zu stützen. Wie viele geschichtliche Chancen sind doch in deutschen Landen mit philosophischer Abstraktion, wirklichkeitsfernem Idealismus und philanthrophischer Schwärmerei vertan worden! So läßt sich eine historische Formel prägen: Vor der Welt tragen wir Schuld; vor dem eigenen Volk folgenschwere Unterlassungssünden. In Deutschlands Geschichte versandete mehr Lebenssubstanz unter volkspolitischer Gleichgültigkeit als jemals durch Radikalismen zerstört worden wäre. So entschlossen wir dem unheilvollen Wirken dieser nachsinnen müssen, so wenig dürfen wir jenes übersehen.

Nationale Selbstbesinnung tut dann und gerade dann not, wenn es gilt, erneut eine prekäre historische Situation zu verstehen, die eigene Lage darin auszumachen und neue Wege zu ebnen. Nur dann treten die zu meisternden Aufgaben in die ihnen zukommende Rangordnung und gewinnen sie ihr spezifisches, d. h. hier ihr Gegenwartsgewicht.

Wenn etwas von der Zahl unserer gesellschaftlichen und politischen Aufgaben abhinge, brillierten wir fürwahr als eine der reichsten und glücklichsten Nationen. Verriete uns nur jemand, wie sie zu lösen wären! Indes, stärker noch als die Zahl der Aufgaben treibt uns die existentielle Dringlichkeit, die ihnen für Volk und Staat beizumessen ist, um. Werden wir Einheit und Ganzheit des uns Auferlegten erringen oder an und mit ihm auseinanderfallen? Einstweilen sieht es fast aus, als ob uns die zufallenden Aufgaben zerrissen, als ob sie uns wieder in gefährliche Entweder-Oder trieben: Das Vaterland geteilt, beidseitig sich negierend; Deutschland hier — Europa dort. Unsere nationale Aufgabensammlung enthält aber noch mehr: Wie sollen sich künftig zueinander verhalten: Volk und Staat, Kirche und Staat. Wie sind miteinander auszusöhnen Freiheit und Einheit, Föderalismus und Bund, Kulturautonomie und Volkskultur? Ferner und konkreter: Entspricht unsere Erziehungstheorie überhaupt noch der Lebenswirklichkeit der Gegenwart, die Bildungsidee den Lebensanforderungen? Wie verbinden wir Tradition und moderne Gesellschaft? Überhöhen sich Kapitalismus und Sozialismus allmählich in fortschrittlicher Synthese oder verzehren sie sich in ihrer Gegensätzlichkeit? In allerletzter Zeit läuft die Parole: Weder Sozialismus noch Konfessionalismus! Was aber dann?

Fragen, Fragen... verläßliche Antworten wenige. Wir werden sie aber finden müssen, und zwar nicht nur, weil unser Sein und Nichtsein von ihnen abhängen, sondern auch deshalb, weil jenseits des eisernen Vorhangs solche Antworten anspruchsvoll und lautstark angeboten werden. Wir können die drüben empfohlenen Rezepte aber nur dann entlarven und korrigieren, wenn wir andere, bessere, nämlich richtige Lösungen besitzen und — ausführen. Um unser aller willen, insonderheit aber um derer willen, denen diese Tagung und auch unsere Besinnung gilt: der deutschen Jugend. Sie kann auf die Dauer nicht in der Feindschaft der Gegensätze gedeihen. Weder genügt ihr eine Theorie der Zustände, die nicht auch konkrete Taten zeitigt, noch fördert sie eine politische Praxis, die nicht ständig an der klaren Erkenntnis ihrer Grundlagen geläutert wird. Wir wollen die Jugend erziehen. Erziehung verlangt aber Einsicht und Handeln in einem. Blickt man in die Literatur der letzten Jahre, prüft man die Erziehungspraxis, so wird man — von um so erfreulicheren Ausnahmen abgesehen — nicht behaupten können, daß diesem pädagogischen Gesetz Genüge getan würde. Wir interpretieren zu ausschließlich oder wir praktizieren zu primitiv. Das einheitliche und ganzheitliche Erziehungswerk, dessen unser Volk und seine Jugend heute so dringend bedürfen, wird aber weder in der Theorie noch in der Praxis der Jugendpädagogik (diesen Begriff hier ganz allgemein und grundsätzlich verstanden) sichtbar. Wir stagnieren vor der Vielheit nationaler und internationaler Aufgaben und verlieren uns in der Dialektik ihrer Beurteilung. Und der Jugendliche? Er pendelt dazwischen hin und her, schlittert von Richtung zu Richtung, wird von Institution zu Institution weitergeschoben, oder bleibt sich selber überlassen. Eine große Unruhe im Geiste beschleicht uns angesichts der ständig sich mehrenden Vielgliedrigkeit unserer Gesellschaft und der beklemmenden Vieldeutigkeit unseres innen- und außenpolitischen Lebens. Sollen wir die Heranwachsenden dem Zustand des Pluralismus einfach ausliefern, hoffend, ein glücklicher Zufall werde den Zusammenhalt der lockeren Elemente irgendwann herbeiführen?

Was ist zu tun, zu tun über alle Teilaufgaben hinaus und inmitten all der Mannigfaltigkeit und Widersprüchlichkeit unserer Existenzbedingungen im Hinblick auf unsere Jugend? Was ist zu tun, damit ihr eigenes Leben ein Ganzes und damit das Zusammenleben aller eine Einheit werde und bleibe?

Integration

Für die allerorten eifrige Suche nach einem Ausweg aus der geschilderten Situation des pädagogischen Unbefriedigtseins, just als Generalempfehlung zur Bewältigung buchstäblich aller „epochalen Aufgaben" und als Rettung aus den Wirrnissen des Pluralismus bietet sich an: die Integration.

Integration der Staaten und Völker; des gleichen Weges schreiten die Wirtschaftler, um die „Sechs" mit den „Sieben" zu kopulieren; die ganze Welt kristallisiert zu immer größeren Macht- und politischen Systemen, von denen jedes hartnäckig bestrebt ist, die verbleibenden Restneutralen möglichst schnell integrativ sich zu inkorporieren; im engeren Inland zimmern wir emsig an dem Gerüst unseres Staates, noch eifriger weben wir an dem Muster unserer Demokratie; was an unserer Gesellschaft auseinanderklafft, soll sich wieder ineinanderfügen; der umsichgreifenden Vermassung wehrt, so beteuern wir nicht ohne Selbstbeschwichtigung, die integrierte Persönlichkeit, und was vollends den Entwicklungsweg der Jugendlichen nach all diesen Richtungen hin anbelangt — mittels I n t e g r a t i o n soll er sich vollenden. Integration allenthalben — als Aufgabe, als Weg und als Vollendung.

Beliebtheit und Verbreitung des Wortes entsprechen nun tatsächlich, wie der Katalog seiner Funktionen beweist, einem Sachverhalt, den die bloße Erfahrung ebenso im individuellen wie im kollektiven Existenzbereich tausendfach hervorkehrt. Daß der Begriff vielfach gedankenlos, fast mit konjunktureller Geschwätzigkeit zirkuliert, ist nur ein Symptom unter vielen für die Phraseomanie unseres Zeitalters. Bedenklich nur, wer Verantwortung trägt, wer die Macht zum Handeln besitzt, aber so tut, als habe er mit dem Wort auch schon die Sache gemeistert.

Im Nachfolgenden wollen wir versuchen, den Begriff in seine sachliche Reichweite einzupassen und seinen Gehalt nach etlichen Hauptbedeutungen herauszuschälen. Die Veranschaulichungen dazu soll uns die Gegenwart selber liefern. Hier zunächst das Nötige zum B e g r i f f , der uns freilich nicht so sehr begriffslogisch und philosophiegeschichtlich, um so mehr aber pädagogisch in Anspruch nehmen wird.

Zwei Wege bieten sich an, das Thema zu entfalten:

Man könnte an Hand von empirischen Beweisstücken dartun, wie es um die gesellschaftliche Integration der Jugend in Deutschland steht. Das wäre ein ungemein umfangreiches und delikates Unterfangen.

Oder man versucht, das Problem als solches und den Vorgang der Integration selber zu umreißen. Es fehlt noch an einer Systematik. Gelänge es, verläßliche Beurteilungsgesichtspunkte aufzudecken, besäße man für die künftigen Bemühungen um die Integration unserer Jugend sowohl ein theoretisches Orientierungsschema als auch Anleitungen zum Handeln.

Wir wählen deshalb diesen zweiten Weg.

Im Lateinunterricht übersetzt man integrare mit wiederherstellen, ergänzen, zusammenfügen, ganzmachen. Darin kommt bereits eine zwiefache Bedeutung der Vokabel zum Ausdruck: Es handelt sich einmal um die Durchkonstruktion des Ganzen, das andere Mal um den Ganzheitsbezug des Teilhaften. Diese Doppelbedeutung enthält den vielleicht wichtigsten Tatbestand an dem Sachverhalt und an dem Vorgang der Integration überhaupt.

Sehr allgemein und noch vorwissenschaftlich meint man mit Integration schlicht das Verhältnis des einzelnen zur Gesellschaft, desgleichen das der gesellschaftlichen Gruppen untereinander. Bedenkt man ferner, daß ja auch das Einzelindividuum in sich selber seine Kräfte, Impulse und Funktionen bündeln muß, um eine geschlossene Persönlichkeit zu werden — was abgewandelt ähnlich für jedes soziale Gebilde gilt — dann begreifen wir den Vorgang und das Problem der Integration als eines der allerwichtigsten pädagogischen Gegenwartsanliegen, als ein pädagogisches Phänomen allererster Ordnung. Dem tut kein Abbruch, daß Begriff und Inhalt in dem schulgerechten System zünftiger deutscher Pädagogik ganz und gar fehlen. Man sucht sie vergebens in dem Problembestand selbst der neuesten einschlägigen Literatur.

Die amerikanisch-angelsächsischen Fachkollegen hingegen erforschen schon längst unter dem Leitbild der Integration die wechselseitige Abhängigkeit aller pädagogischen Erscheinungen.

Für die biologischen Wissenschaften, Phylogenie und Ontogenie, bezeichnet Integration eine wohldefinierte Funktion allen organischen Lebens, nämlich die Gegenfunktion zur Differenzierung. Lockert sich die

Korrelation zwischen beiden, entstehen in den Zeitläufen bizarre Spezies, im Individuum beispielsweise strukturzerstörende Wucherungen. — In solchem Gebrauch führt auch die psychologische Entwicklungslehre den Begriff; sie hat ihn darüber hinaus zum Hauptkriterium zweier besonderer Forschungsrichtungen erkoren, der Integrationspsychologie und Integrationstypologie. Freilich überragt die Gültigkeit des Begriffes hier die des biologischen Primitivschemas in einer wichtigen Hinsicht: Außer auf die organischen Wachstumsgesetze erstreckt sie sich auch auf das Verhältnis zwischen Persönlichkeit und Umwelt. Und gerade in dieser sozial erweiterten Fassung gewinnt der Begriff für die Pädagogik spezielle Bedeutung. Allerdings führt die Pädagogik nun ihrerseits auch noch tieferreichende, nämlich humane Gehalte hinzu, ja in den Vordergrund, was zu betonen für das Gesamtverständnis des pädagogischen Integrationsphänomens von Belang ist:

1. Pädagogisch verstanden erschöpft sich Integration nach Ablauf und Zweck weder in physiologischen Wachstumsmechanismen (Differenzierung — Bündelung) noch in anlagemäßig bedingter Ausformung bestimmter Charakterstrukturen oder Integrationstypen (man erinnnere sich an Kretschmers Konstitutionstypen, die Jaenschen Integrationstypen, oder an die Typen nach Jung, Pfahler u. a.), auch nicht in purer „Sozialisierung"; pädagogische Integration intendiert darüber hinaus wesenhaft einen aktiven g e i s t i g e n Vorgang, sie stiftet Gemeinschaft und zeitigt Reife.

2. Pädagogische Integration ist infolgedessen mehr denn An- und Einpassung, sei es nun im Verhältnis zu einer Umgebung, zu einem Lebensstil oder einem Handlungskodex. Das alles auch, aber vor allem ein wertbezogenes und daher sinnvolles Ich-Du-Wir-Ihr-Verhältnis. Pädagogische Integration bewirkt Bildung und Erziehung, Persönlichkeitswerdung — über alle Strukturen und Typologien hinaus.

3. So kann es nicht anders sein, als daß der Pädagoge in seinem Kompetenzbereich jegliches Integrationsgeschehen daraufhin ansieht, welche existentielle Rolle es dem Menschen einräumt. Pädagogische Integration schafft Bindung in Freiheit, postuliert ein sittliches Phänomen.

Auf Grund dieser drei Vorentscheidungen kann pädagogisch nicht jede Form von Liierung, die mit irgendwelchen Mitteln erreicht wird, „Integration" heißen. Verbrecherbanden und Sklavengesellschaften kennen keine Integration, sondern nur „Einnumerierung". Zwang, Terror bewirken auch nicht Integration, wohl aber Unterwerfung, Knechtung. Diese Einsicht vermag uns für die Auseinandersetzung mit den gesellschaftspolitischen Vorgängen in Mitteldeutschland von Nutzen sein. Wir ermessen aber gerade an Hand der von dort gelieferten Gegenbeispiele auch, welch anspruchsvollen Handlungs-, Entscheidungs- und Verantwortungsbereich wir mit dem Thema Integration unserer Jugend heraufbeschwören, spüren, daß wir, indem wir darüber nachsinnen, nicht nur vom andern reden dürfen, sondern uns selbst ansprechen. Denn immer verläuft das pädagogische Integrationsgeschehen zweigleisig: von den Erwachsenen zu den Jugendlichen hinunter und umgekehrt; es erfaßt die Heranwachsenden nicht, oder nur unter erschwerten Bedingungen, wenn es unter den Erziehern fehlt. Daher trifft das Thema einer der früheren Tagungen dieser Gesellschaft den Integrationsprozeß nur einseitig. Die These: „Jugend von heute — Gesellschaft von morgen" läßt sich umkehren: Gesellschaft von heute — Jugend von morgen. Die Gegengleisigkeit des Wortspiels verrät, daß dem Sachverhalt der wechselseitige Vorgang der Integration zugrunde liegt.

Anzunehmen, daß mit derlei Überlegungen lediglich akademische Spitzfindigkeiten betrieben würden — davor soll uns der eingangs vorweggenommene Rückgriff auf die vor uns liegenden Aufgaben nachdrücklich bewahren. So stark jeden von uns die ihm beruflich oder zivil zufallende Sonderaufgabe an der Jugend auch erfüllen mag, wir müssen sie in die Verantwortung ihres ganzheitsbezogenen Sinnes einreihen, heute mehr denn je. Integration unseres Gemeinwesens tut not! Um diese Forderung gebührend zu unterstreichen, dürfen wir eine der unübertroffenen Formulierungen Theodor Litts abwandeln und auf den hier anstehenden Gegenstand anwenden: Die Neigung, der eine Aufsplitterung in soziale Gruppen und Grüppchen, eine Vorrangstellung des je eigenen Interesses und der persönlichen Wünsche so recht nach dem Sinn und Herzen steht, ohne daß solche Neigung zu sehr durch die Anteilnahme am Ganzen beeindruckt und vom Gemeininteresse her gezügelt würde, ist in deutschen Landen bekanntlich weit verbreitet. Wir setzen die Achtung vor dem Teilhaften in unserer Gesellschaft nicht außer Kraft, wenn wir behaupten: über das Schicksal des deutschen Volkes entscheiden heute unsere integrative Fähigkeit und die Bereitschaft dazu. Daß damit weder einem Zentralismus das Wort noch dem Föderalismus das Urteil gesprochen wird, kann nur der Böswillige verkennen. Ebenfalls außerhalb aller Erwägung steht die Polemik um das Schreckgespenst einer Nivellierung unserer kulturellen Stammeseigenheiten. Solche Schlagwörter, deklamatorisch vorgebracht, stellen eine zu große Vereinfachung dessen dar, was sich als Integrationsproblem dem Volk, seinem Staat und seiner Jugend heute gebieterisch aufdrängt. Nie könnte der Zweck des Ganzen die Vernichtung des Gliedhaften aus sich heraus verlangen. Wer das eine gegen das andere ausspielt, verfolgt unlautere Absichten und taugt weder zum politischen noch zum pädagogischen Führer. Er betreibt die Wiedergeburt der Vergangenheit.

Und noch etwas: Integration — sie setzt die Aufgabe für alle; fordert Beteiligung von jedem, sie bietet Erfüllung dem einzelnen, ermöglicht Neuanfang der Gesellschaft; sie führt nie in einen Zustand, sondern bleibt ständiges Ereignis. Deshalb ist es auch nie zu spät dazu, auch für uns Deutsche nicht. —

Soviel zum Begriff der Integration. Weiterführende Einzelheiten verlangt der Zweck dieser allgemeinen Abhandlung nicht. Ein wissenschaftliches Fachkolleg würde nun an dieser Stelle den vollen systematischen Aufriß zu bieten haben, der mit dem Begriff der Integration und seinem Inhalt gesetzt wird. Wir können lediglich nach den Hauptrichtungen fragen: an Hand welcher Gesichtspunkte vermag man, so überlegen wir, das Integrationsproblem gedanklich so einzufangen, daß mit der notwendigen Übersicht auch die konkrete Anwendung sich anbiete? Man wird zuvorderst darüber klarzuwerden trachten, mit welchen Integrationsbereichen man es heute vornehmlich zu tun hat, auf die hin man die Jugend lenken will, wobei wesentlich ist zu erfahren, wovon die integrative Wirkung dieser Bereiche abhängt; man wird sich ferner Rechenschaft geben über die zu integrierenden Jugendlichen, um abzuschätzen, inwiefern sie unseren Integrationsbemühungen aufgeschlossen entgegenkommen; schließlich wird man untersuchen, was es an dem Vorgang der Integration selber auszumachen gilt.

Aufeinanderfolgend sprechen wir abschnittsweise also, nachdem uns der Begriff in gebotener Kürze geläufig geworden ist, über die **Bedeutungsrichtungen** des Integrationsvorganges, und zwar über die **Integrationssysteme** und ihre **Wirkung**, betrachten die **Jugend** und ihre Integrations**bereitschaft**, fragen nach den **Mitteln** und **Medien** der Integration und überlegen zum Schluß, ob es **Stufen** des Integrations**vollzugs** gibt.

Integrationssysteme und ihre Wirkung

Fragt man nach den Integrationssystemen, so zielt man — um im gewählten Bilde zu bleiben — nach dem **einen** Pol des zweiseitigen Geschehens, das wir Integration nennen. Man will wissen, welche Systeme an diesem Pol verläßlich vorhanden sind, wie ihre derzeitige integrative „Vollkommenheit" zu beurteilen ist, man muß darüber hinaus erfahren, wovon ihre integrative Wirkung bzw. Wirkungslosigkeit überhaupt abhängen.

Den Fragen gebührt volle Aufmerksamkeit. Überlegen wir: Integration weist immer auf etwas hin, ist ein Vorgang, der des Zielpunktes bedarf. Fehlt dieser, und er würde fehlen, wenn das Integrationssystem, selbst nur als schwacher Kristallisationskern, ausfiele bzw. verfiele, ist Integration „von oben" unmöglich, sie muß mühsam und bewußt „von unten" her in Gang gebracht werden. Außerdem hängt viel davon ab, ob die Strahlungskraft eines Integrationssystems stark oder lahm, konvergierend oder irritierend die zu Gewinnenden trifft.

„Integrationssysteme" sind sozial beinhaltete Gebilde: Gemeinschaften, Gruppen, Verbände, gesellschaftliche Ordnungen, und stets in einer Mehrzahl vorhanden. In ihrer Gesamtheit ergänzen, durchdringen, überlagern und zwängen sie einander zu dem buntmaschigen Gewebe unserer mitmenschlichen Beziehungen. Zur Veranschaulichung denke man an die Systeme: Europa, Staat, Volk, Gemeinde, Familie, Heimat. Es sind das jene Lebensordnungen, die uns Deutschen heute in besonderer Weise aufgetragen sind, die uns das Integrationsproblem so „existentiell" machen. Dem Umfang, ihrer Struktur, Sinnbezogenheit und Verbindlichkeit nach unterscheiden sie sich allerdings wesentlich. (Welche unter ihnen der Soziologe primäre bzw. sekundäre Systeme nennt, desgleichen, wie pädagogisch von der „Gemeinschaft" die „Gesellschaft" mit ihren Formen zu unterscheiden wäre, übergehen wir in diesem Rahmen, um nicht zu sehr zu komplizieren.)

Als „System" weisen sich alle Integrationsgebilde dadurch aus, daß sie jeweils ein bestimmtes Gefüge determinierbarer Lebensbeziehungen darstellen, auf ein solches Gefüge hin sich konsolidieren oder es verlieren. Das Gefüge besitzt eine ihm gemäße innere Gesetzlichkeit, es kennt bestimmte „Spielregeln" der Entstehung, seiner Erhaltung und des Verfalls. Jedes Integrationssystem hat also sein eigenes „Gesicht"; Art und Maß seiner Wirkung hängen aber nicht nur von ihm selbst, sondern auch von der Stellung ab, die ein System unter allen übrigen einnimmt. Wir nennen das die Positionslage. Sie verdient betonte Beachtung.

An dieser Stelle gilt es einen bereits angeklungenen Gedanken zu präzisieren. Integrationssysteme existieren nie als Zustand, so ergibt sich aus dem Verständnis des Integrationsvorganges; die Systeme sind zwar strukturierte, aber nie „fertige" Gebilde; sie bestehen, indem sie sich wandeln und regenerieren; jedes ist eigengeartet und dennoch von den anderen her mitbestimmt; alle vermögen sie ihre Rolle und ihre Stellung im Wirkungsgefälle der übrigen sozialen Formen wohl zu ändern, langsam oder plötzlich, qualitativ oder quantitativ. Es ist demnach unmöglich, worauf wir auch schon hinwiesen, in dem Insgesamt der uns heute aufgegebenen Systeme eines zu eliminieren, ohne daß alle übrigen leiden und sich ändern. Wir vermöchten z. B. nicht unsere nationale Kultur zu pflegen, wenn wir auf die Familie vergäßen; dem deutschen Vaterland könnte nicht gedient werden, ohne daß unser Volk zu seinem Recht käme; Deutschland dürfte nicht auf Kosten Europas Rettung suchen, aber auch umgekehrt nicht.

Diese Korrespondenz der Systeme untereinander gilt es für die Beurteilung unserer gegenwärtigen Lage zu beachten, aber auch zu nutzen. Kein Zweifel, unser soziales Gesamtsystem ändert sich, das Integrationsgefälle profiliert nachhaltig seine Niveauverhältnisse um, die überbrachte Rollenfunktion mancher traditioneller Einzelsysteme balanciert heute im bewegten Spiel der Kräfte auf schwankendem Grunde. Beinahe alle Systeme sind uns heute problematisch geworden, und wir schleudern sie zwischen unseren Meinungen hin und her, werfen sie von einem Standpunkt auf den anderen: integriertes oder konföderiertes Europa? Europa der nationalen Vaterländer oder kontinuierliche Wohngebiete? — Ist die Bundesrepublik ein keimender „Kernstaat" oder nur ein passageres Provisorium? Ersetzt sie das „Reich" oder führt sie es fort? Wiedervereinigung als Summierung zweier Staaten oder Aufgehen des einen in den andern? — Besitzen wir überhaupt Demokratie oder nur konservative Restauration? Beide Teile des geteilten Vaterlandes behaupten den Vorzug demokratischer Lebensform samt der Freiheit für sich, und dennoch kleiden sich beide nach andersartigem Schnitt. — Inwiefern sind wir schon, nicht mehr oder noch ein Volk, inwiefern nur eine „verspätete Nation", ein auf halbintegrierter Stufe verweilendes Konglomerat von Menschen, gar nur ein künstliches Zwangsgebilde desintegrierter Stammeselemente? Wollen wir überhaupt ein Volk werden und bleiben? Nur Volk oder auch eine Staatsnation? — Behalten wir die Heimat im Herzen oder müssen wir sie höheren Zwecken opfern? — Keine dieser Fragen wurde von mir ersonnen! Was offenbaren sie für das Verständnis der Integrationsaufgabe?

Die Unklarheit in der Konzeption und Praxis der gegenwärtigen gesellschaftlichen und staatlichen Integrationssysteme bewirkt nun die allenthalben beklagte Unsicherheit der integrativen Entwicklung unserer Jugend: Auflösung dort, Erfolglosigkeit hier; Unklarheit im Ziel, Ungewißheit auf dem Wege; gleitende Rangordnung der überpersönlichen Werte, Desorientierung der Erziehung; mangelnde Wirkungskraft der existentiellen Beziehungssysteme, unzureichende Prägung der Heranwachsenden; desintegrierter Pluralismus im allgemeinen, Orientierungsschwierigkeiten im Konkreten.

Inwiefern die konstatierte Beunruhigung unseres Integrationsgefüges und die Ungewißheit der Erziehung in das von Wilfried Martini diagnostizierte „Ende aller Sicherheit" mündet, bleibe dahingestellt. Kein Ende braucht zu nehmen der Wille zur Integration. Der kann geweckt und in die Tat umgesetzt werden. Mag diese Einsicht jenem historischen Fatalismus die Berechtigung streitig machen, der viele Zeitgenossen verleitet, über unser Volk hinweg zur Tagesordnung zu schreiten, als handle es sich um eine gewesene Tatsache, der andere weissagen läßt:

Der Kommunismus kommt, so oder so. Auf alle Fälle aber gilt es nüchtern einzusehen, daß das Integrationsklima, in dem unsere Jugend als solche und die kommende Gesellschaft gedeihen sollen, pädagogisch nicht unbedingt günstig ist.

Die Dinge, die hier zur Besinnung anstehen, wiegen schwer. Durch das Prisma des Integrationsproblems sondiert, erscheinen sie in ihrem nackten Lichte und einzig auf d e r seelischen Wellenlänge, über die sie noch oder wieder verfügen.

Die W i r k u n g eines Integrationssystems beruht auf ähnlichen Voraussetzungen wie die eines Vorbildes. Ausstrahlungs- und Anziehungskraft — mit einem Wort: die Integrationspotenzen hängen von ganz bestimmten Beschaffenheiten der Systeme ab, wenn auch daran Wirkungsfeld und Wirkungsqualität von System zu System sehr unterschiedlich gelagert sind. Immer aber steigert sich die Wirkung mit der Lebendigkeit, Geschlossenheit und Stetigkeit des Systems, während Mängel darin die Integrationskraft schmälern.

Hier stutzen wir zunächst: Proklamieren solche Beschreibungsrichtungen denn nicht in eklatanter Weise den pädagogischen Vorzug der kommunistischen Gesellschaftsordnung? Sie ist doch aktiv, geschlossen und konsequent, und landläufig beruft man gerne ihre „ungeheure Dynamik". Heißt das, daß sie von großem Integrationserfolge lebt?

Wir kennen in der Tat kindliche Schwärmer, die mit solchem Lobe politisch hausieren gehen; viele melancholische Skeptiker befürchten, es könnte so sein bzw. kommen, so daß letzten Endes die Überlegenheit über das demokratische System augenfällig und sich geradezu mit der Sicherheit eines Naturgesetzes einstellen werde. Die vorsorglichen Auf-alle-Fälle-Rückzugs-Siedler an Islands Küsten offenbaren auch nicht gerade gegenteilige Überzeugung. Indes, alle mit solch vordergründigem Gebaren Behafteten verfallen einem doppelten Irrtum. Sie werten die augenblickliche Situation, in der die demokratische Gemeinschaft der Völker und auch unseres Volkes noch an zahllosen Unvollkommenheiten krankt, für unüberwindlich, weil angeblich mit dem tiefsten Wesen freiheitlichen Zusammenschlusses der an sich barbarisch veranlagten Menschen zusammenhängend. Sodann verwechseln sie die einem echten humanen Integrationssystem innewohnende Grundbefindlichkeit mit der ideologischen Monotonie des Kommunismus, sie übersehen, daß Geschlossenheit nicht Uniformität und Gleichschaltung, vielmehr Einheit der Vielgliedrigkeit bedeutet; sie vermuten offensichtlich, bei den Politruks, Funktionären, befohlenen Claqueuren und verängstigten bzw. berechnenden Mitläufern hätte ursprüngliche Begeisterung gezündet; vollends entgeht ihnen die strikte Unterscheidung zwischen Beständigkeit im Geiste aus Gesinnung und starrer Festigkeit als Ergebnis anhaltenden Zwangs und Polizeiterrors. Neulich erst gestand das SED-Zentralorgan „Neues Deutschland", daß man Anlaß habe, mit der „bewußten gesellschaftlichen Einstellung" der Jugendlichen in Mitteldeutschland, selbst der Kämpfer aus den Reihen der FDJ, unbefriedigt zu sein. Zu viele befleißigen sich, so poltern die erbosten Fortschrittsstrategen, einer Als-ob-Haltung. — In unsere Sprache übersetzt heißt das einfach und schlicht: die integrativen Erfolge bleiben aus. Wundert das den Fachmann? Es kann gar nicht anders sein, denn die Zwangsgesellschaft muß sich zur Sicherung ihres Nachwuchses immerfort solcher Mittel bedienen, und das ist ihr Fluch, die apädagogisch und deshalb distanzierend, reservierend, opponierend, kurzum: auf das Gesamtsystem hin desintegrativ wirken. Die so zutage tretende pädagogische Untauglichkeit einer Gesellschaft unter Diktatur ist auf die Dauer ihre Krankheit zum Tode. Demgegenüber belehren alle Erfahrungen der Geschichte, daß selbst eine unvollkommene Demokratie immer noch das beste aller denkbar schlimmen Lebenssysteme abgibt, denn sie impliziert Freiheit, Wahrheit und Recht und mit ihnen gerade jene Agentien, die seit eh und je Menschen zusammenführen, aussöhnen, für einander zugänglich machen, die das Humane in ihnen stimulieren. Nichts anderes aber bezweckt letztlich der Vorgang der Integration: Humanität und Bruderschaft. Demokratie kann stümperhaft und verstümmelt aussehen, aber sie birgt immer die Möglichkeit zur Versittlichung ihrer selbst und ihrer Menschen. Demokratie ist auf Integration angelegt und tendiert auf Gemeinschaft. Andere Sicherungen ihres Bestehens kann sie gar nicht wählen, sonst wird sie zu einem Widerspruch in sich selbst. Diktatur und Totalitarismus aber bewegen sich auf einer wesenhaft anderen Ebene. Sie sind nicht nach dem Gesetz pädagogischer Integration angetreten und erzeugen deshalb auch nie Gemeinschaft, höchstens Verschworenheit von exponierten Revolutionären, Disziplin und Befehl-Gehorsam-Moral.

Freie Menschen, die ihr Leben nach absoluten Maßstäben ordnen wollen, treten nach einem Gesetz an, dessen humaner Gehalt durch sich selbst regulierend wirkt, in dem Ansatz, Weg, Methode und Ziel der Lebensführung e i n e s Sinnes sind und nicht gegeneinander ausgespielt werden können. Sehr zum Unterschied von kommunistischer Diktatur: diese verspricht zwar das zukünftige Paradies, muß sich aber auf dem Wege dahin der Knechtschaft, der Lüge, der Bespitzelung, klassenmäßigen Zerreißung, der Gewalt, der psychologischen Überrumpelung bedienen, wodurch das Endergebnis auf jeder seiner Verwirklichungsstufen vernichtet wird und sich logischerweise nie einstellen kann. Wenn unsere Jugend an irgendeinem Punkte der Auseinandersetzung zwischen Ost und West einer e r k e n n t n i s m ä ß i g e n Zurüstung bedarf, von der energische Wirkungen zu erwarten sind, hier ist der Ort dazu. Wer unsere Jugend und ihre Erziehungslage kennt, wird freilich nicht behaupten wollen, daß sie bereits den Vorzug einer wie oben geschilderten integrationsfähigen demokratischen Gesellschaft genießt. Sie pendelt infolgedessen in ihrer Haltung stark, ist aber nicht standpunktlos, und es hebt in den Reihen ihrer Besten ein aufrichtiges Suchen an. Und das ist unsere Hoffnung. Man soll ihr indes im Widerspruch zu den unverbesserlichen Mießmachern unserer demokratischen Ordnung aus Beruf oder Leidenschaft nachdrücklich klarmachen, daß wir weder der Doktrin eines sozialen Chaos nachlaufen, noch geheimen Totalitarismen frönen. Franz K a f k a s Seins- und Gesellschaftskritik ist einfach überholt. Wir sind nicht mehr an das Sinnlose preisgegeben, auch wenn das Sinnhafte nur erst bruchstückartig verwirklicht ist.

Demokratie k a n n demgegenüber wesensgleiche Integration des Menschen mit Brüdern und Schwestern setzen bzw. erbringen und damit zur Selbstdarstellung auch des einzelnen beitragen. Wir betonen: k a n n , denn dieser Vorgang läuft nicht wie ein rollendes Rad, er erfordert die stetige Beteiligung jedes einzelnen. Er kann auch verfehlt, d. h. versäumt oder verfälscht werden. Beispiel: Weimarer Republik.

Jugend und ihre Integrationsbereitschaft

Integration ist ein bipolarer Prozeß, so sagten wir. An dem einen Wirkpol denken wir uns als Kraftquelle das Integrationssystem, an dem entgegengesetzten ein singuläres oder kollektives Individuum, ebenfalls als dynamische Potenz. Dem „Geltungsgrund und der Geltungsweise" (H. F r e y e r) des übergeordneten Systems begegnet die Integrationsbereitschaft der Einzugliedernden. Beide Kraftquellen zeugen und nähren gemeinsam den Vorgang, den wir Integration nennen.

Das zur Verdeutlichung herangeholte Modell des bipolaren Geschehens darf nicht überfordert werden. Streng genommen handelt es sich gar nicht um autarke, erst nachträglich aufeinandertreffende Funktionen zweier, vorher isolierter Kraftpotentiale, insofern nämlich die Bereitschaft zur Integration auch schon in etwa von der Dynamik des Integrationssystems abhängt und umgekehrt. „Der soziale Zusammenhang ist immer", wie Hans F r e y e r formuliert, „geschürzt in den Individuen wie in lebendigen Knotenpunkten", während wiederum „das einfache Faktum, daß der Mensch in einer sozialen Situation steht, ... ihn bis in sein Inneres" bestimmt. Es herrscht demnach ein dynamisches und rhythmisches Hin und Her. Beschreibend lassen sich indes die beiden Pole unmißverständlich akzentuieren. — Vom Integrationssystem sprachen wir; jetzt interessiert uns die Integrationsbereitschaft der Jugend.

Eine nicht zu überschätzende Fragestellung!

Ihretwegen müßte man sich mit Vertretern vieler Fachwissenschaften an den runden Tisch setzen, um gemeinsam die Beantwortung zu suchen. Als einzelner nehmen wir uns ihr mit dem ausdrücklichen Vorbehalt an, daß wir ja nur über die Frage als solche, also prinzipiell, inmitten einer kurzen Sichtung auch der übrigen Integrationsprobleme befinden sollen. Wir erfüllen unsere Aufgabe eigentlich schon, indem wir die Frage stellen, um darauf aufmerksam zu machen. Auch schon den Versuch, die Antwort inhaltlich erschöpfend auszubreiten, vereiteln Raum und Zeit. Sie verbieten nicht minder auch ein umfassendes Referat über die literarischen Beiträge, sofern diese für unsere Fragestellung überhaupt verwertet werden können. Doch auch hier hilft uns der Zweck einer Propädeutik: sie hat nur den Aufriß der Probleme zu vermitteln.

Das wollen wir tun.

Von dem mir zugänglichen Forschungsmaterial her und auf Grund meiner praktischen Erfahrung muß ich urteilen: Integrationsbereitschaft ist bei unserer Jugend da! Sie ist viel lebhafter, als das gemeinhin gewußt und behauptet wird. Sie ist streckenweise sogar sehr sensibilisiert, so sehr, daß uns Erwachsenen der fragende, beobachtende, kritisierende und in dieser Weise aufgeschlossene und anteilnehmende Jugendliche oft lästig fällt. Wir unterschätzen diesbezüglich die Jugend und nutzen ihre Offenheit zu wenig, nicht selten falsch. Manche unerfreulichen Erscheinungen, die uns den begehrten Gesprächsstoff, den Sensationsblättchen aber das schöne Geld eintragen, sind zu verstehen als die in ihr Gegenteil gelenkte Fähigkeit zum Positiven. Wer jeweils „lenkt", die Jugendlichen selber oder wir, bleibe dahingestellt.

Das gilt für den Durchschnitt, die Allgemeinheit.

Näher besehen ist, was wir so leichthin „Integrationsbereitschaft" nennen, eine vieldimensionale Größe, die für den konkreten Fall mehrfach abgewandelt werden muß. Es tut gut, wenn wir uns in dem Gewirr von Zusammenhängen ein faßliches Orientierungsschema speziell für den Problemkreis: Integrationsbereitschaft erstellen.

Eine Reihe von Beurteilungsgesichtspunkten umgrenzen den engsten thematischen Raum, innerhalb dessen das Problem gerade noch eingefangen werden kann. Wir übergehen die strenge Systematik dieser Punkte, erläutern sie aber an Hand alltäglicher Erfahrung.

I. Wer eigene Kinder beobachtet, vor einer Klasse steht, ein Gemeinschaftslager führt oder ein studentisches Seminar leitet, begegnet staunend der Vielfalt der Charakter- und Wesenseigentümlichkeiten. Die unterschiedliche Art sich einzufügen, mitzumachen, zu diskutieren, aufzunehmen, wiederzugeben und sich zu verhalten bedingt den großen Reiz, aber auch die Schwierigkeit im Umgang mit Menschen, mit Jugendlichen im besonderen. Wir sind gewohnt, dafür jene vitalen, emotionalen, willensmäßigen und intellektuellen Eigenheiten verantwortlich zu machen, die wir als persongebundene Grundlagen zusammenfassen. Sie werden für unsere Fragestellung belangvoll, sobald man daran erinnert, daß es diese Grundlagen sind, mit denen der einzelne ihn treffende Eindrücke verarbeitet und sich mit sich selbst und mit den außer- und überpersönlichen Mächten auseinandersetzt. Und diese Form der Auseinandersetzung und des Fertigwerdens mit dem Leben verleiht nun der jeweiligen Integrationsbereitschaft ihre Farbe. Integration will jeder, er müßte denn sich selber aufgeben, aber was er von ihr für sein eigenes Dasein erwartet, welche Rolle er sich selbst darin reserviert und wie er sie erstrebt, — das sind Verschiedenheiten, mit denen wir rechnen müssen. Sie machen sich dort unmittelbar bemerkbar, wo Einzelhilfen verabfolgt werden sollen: in der Familie, in der Schule, im Jugendkreis, in der Sprechstunde. Daß es unseren Führungskünsten diesbezüglich im kleinen wie im Großen noch an vielem gebricht, ist kein Geheimnis. — Es kann jeder zu seiner Integriertheit gelangen, wichtig aber ist, mit welchen Kräften er „seine" Stufe erreicht und durchträgt.

II. Die Ausformung der persönlichen Integrationskräfte zum aktiven Integrationsvollzug unterliegt nun zahlreichen Bedingungen bzw. Einflüssen von außen. Es macht unsere Erziehernot aus, daß diese Bedingungen unübersehbar und scheinbar allmächtig geworden sind. Wünschen wir den Beweis? Dann laßt uns in Gedanken ein Kind oder einen Jugendlichen auf seinem täglichen Weg durch Stadt und Land begleiten, und das dann jahrelang. Es ist ein wahres Wunder, daß sie immerhin noch so heil durchkommen! — Die soziale Herkunft und das soziale Schicksal spielen unter den Bedingungen mit, das Familienmilieu, der Entwicklungsbeitrag der öffentlichen Bildungseinrichtungen (der alles andere als eindeutig wirkt und dessen Rückständigkeit mit einem „Rahmenplan" nicht wett gemacht wird, weil in jedem neuen Rahmen dasselbe alte Bild hängen kann), es spielen eine Rolle die Requisiten unseres prosperierenden Alltags, die Zeitungen, Illustrierten usw., usw.

Alle diese unseren Jugendlichen einfach auferlegten Seinsbedingungen, in deren Spielfeld jeder von uns entscheidend mitwirken oder schaden kann, unabhängig von Beruf und Stellung, gliedern sich in solche, die der Integration zuträglich bzw. abträglich sind. Ein Katalog, nach diesen beiden Maßstäben aufgegliedert, wäre lehrreich. Wir begnügen uns hier mit drei globalen Hinweisen auf beeinträchtigende Faktoren:

1. Da sind zunächst Beeinträchtigungen von dem Entwicklungsverlauf der Jugendlichen her anzuführen, die sich aber nur deshalb negativ auswirken, weil wir sie in unseren Institutionen nicht entsprechend auffangen. Wir zählen sie auf:

a) Die zunehmende Verkürzung der Kindheit und frühen Jugendzeit, wodurch ebenso viele medizinische wie pädagogische Probleme, die sich heute noch als Reifestörungen manifestieren, heraufbeschworen werden;

b) eine unglaubliche Verfrühung im Angebot intensivster Um- wie Mitweltreize einschließlich schulischer Anforderungen, wodurch der Heranwachsende zu zeitig und zu ausschließlich seiner biologischen und psychischen Schutzvorrichtungen beraubt wird;

c) wir verstehen mit den Heranwachsenden ausgerechnet während ihrer sozialen Übergänge, in denen sie verstärkter integrativer Führung bedürften, wenig anzufangen: etwa im Übergang zur Schule und von der Schule zum Beruf, beim Übertritt des Pubertierenden aus der Familie in die offene Gesellschaft, mit den Jungverheirateten u. a. m.;

d) am nachträglichsten aber wirkt sich aus, daß die gesamte institutionalisierte und organisierte Führung der Jugendlichen noch zu keinem befriedigenden Verhältnis zu dem Leben ringsum gefunden hat. —

2. An zweiter Stelle unter den die Integrationsbereitschaft unserer Jugendlichen beeinträchtigenden Faktorengruppen nennen wir die unzureichenden E n t w i c k l u n g s - u n d I n t e g r a t i o n s h i l f e n, die wir dem Jugendlichen in unserer Gesellschaft anbieten. Vielerlei wird, auf's Ganze gesehen, versucht, aber zu wenig planmäßig abgestimmt und koordiniert. Vor allem kranken unsere Hilfen an einer Fehleinstellung im Grundsätzlichen: in dem Moment, in dem in einem Volke Kinder und Kindererziehung störend, wenn nicht gar lästig und spießbürgerlich überholt empfunden werden, ist die Integration der Kinder überhaupt im Ansatz gefährdet. Solch individualistische Haltung dem Heranwachsenden gegenüber züchtet wieder Individualisten.

3. An d r i t t e r Stelle ist auf den Einfluß der I n t e g r a t i o n s s y s t e m e selber zurückzuverweisen und auf das, was über deren Wirkungsgrad und Wirkungsweise, bzw. über den Mangel in beiderlei Hinsicht ausgeführt wurde.

III. Nebst den persongebundenen Grundlagen und den Bedingungen ihrer Ausformung gibt es noch eine besondere Eigentümlichkeit der Integrationsbereitschaft. Sie bezeichnet jenen letzten und anhaltenden Impuls, der die Bereitschaft anregt und den Vorgang unterhält. Unbeschadet der Grundlagen und der Entwicklungsbedingungen gibt es Menschen, die es zur Integration stärker von sich aus drängt (wenn auch aus sehr differierenden Existenzmotiven), andere, die stärker auf den An- und Zuspruch seitens der Integrationssysteme angewiesen bleiben. Es handelt sich dabei nie um ein „ausschließlich". Die Zwischenformen übergehen wir. Treten solche Richtungskomponenten ausgeprägt auf, steht man als Erzieher vor sehr unterschiedlicher Lage. —

IV. Nun zeichnen sich die verschiedenen Grundbefindlichkeiten der Integrationsbereitschaft noch je durch eine soziale B e z u g s w e i s e aus. Sie bewirkt, daß der eine Jugendliche integrativ etwa führend und mitreißend, sein Kamerad lediglich sozial aufgeschlossen und kontaktbereit ist, ein Nachbar indes anleitungsbedürftig, aber immer noch willig-mitgehend bleibt, der vierte wiederum indifferent verharrt, einer gar verschlossen-schwerfällig hintanhängt.

V. Von den hier zu erwähnenden Gesichtspunkten für eine Beurteilung der Integrationsbereitschaft steht nun noch ein wichtiger aus. Was auch immer ausgesagt wird, es gilt entweder nur für den individuellen Bereich oder hat Gültigkeit für Gruppen oder trifft evtl. für die ganze junge Generation zu. Im öffentlichen Gespräch mißachten wir diese Tatsache und begehen große Fehler, indem wir nämlich die Erfahrung mit einzelnen Jugendlichen verallgemeinern (es heißt dann: „ich habe beobachtet...") oder aber den einzelnen unter allgemeinen Gesichtspunkten von vornherein abstempeln (jeder 16jährige ist eben dann ein Halbstarker). —

Die Gültigkeit jugendkundlicher Aussagen nach den bezeichneten Geltungsbereichen auseinanderzuhalten und gegenstandsgemäß anzuwenden darf als A und O aller G r u p p e n f ü h r u n g gelten. Wo das Wissen darum fehlt, muß die pädagogische Witterung weiterhelfen. Den individuellen Bereich haben wir charakterisiert. Jetzt einige Bemerkungen zum Kollektiv.

In der Gruppe überwölben sich die individuellen Elemente und es bildet sich, wenn die Gruppe zusammenwächst, so etwas wie eine übergreifende seelische Befindlichkeitslage, die zwar die Formen individueller Bereitschaft nicht ausschaltet, diese von sich aus aber auch zu wandeln vermag. Wir wissen doch, wie wichtig es ist, daß und in welche Gruppen unsere Schützlinge Eingang finden. Und nun das Entscheidende: Die Gruppe entwickelt ein gemeinsames Wollen, sie verfügt über eigene integrative Voraussetzungen und ein typisches Kräftepotential, kann auf bestimmte Zielrichtungen hin festgelegt werden, auf andere weniger, und sie ist für gewisse Integrationsleistungen tauglich oder nicht. Für den Umgang mit und die Arbeit in einer Gruppe sind das geradezu die entscheidenden Voraussetzungen. Richtige diesbezügliche Einschätzung einer Gruppe „öffnet" sie, macht sie ansprechbar, aktiviert sie; falsche Einschätzung wird sie in die Reserve drängen, sie gar „verschließen". Da die Variationen in der Gruppenzusammensetzung und Leistungsfähigkeit nie vorauszuberechnen sind, obliegt der Gesellschaft, die Möglichkeit zur freien Bildung möglichst vieler, verschiedenartiger Jugendgruppen zu schaffen. Es sammeln und sortieren sich dann in ihnen die wesensnahen Typen, so daß, auf's Ganze gesehen, jeder Jugendliche d e n Entfaltungsraum findet, der ihm angemessen ist. Reichtum und Vielfalt widersprechen dem Integrationsprozeß nicht, sofern das allumfassende Integrationsklima in Volk und Staat lebendig ist. Welch hohe Anforderungen an die Ausbildung der Gruppenleiter zu stellen sind, wird uns hier nachdrücklich bewußt. Noch ist nicht zu erkennen, daß die sozialpädagogischen Schulen, Akademien usw. so etwas wie eine echte Gruppenpädagogik entwickeln, die mehr ist als nur „Gruppenarbeit" und Gruppen„therapie". —

Und nun zur Jugend als Generation. Auf all das, was über sie in diesem Zusammenhange zu sagen wäre, müssen wir mit Bedauern verzichten. Wir möchten aber vor einer Gefahr warnen und einen Mißstand an den Pranger stellen.

Die G e f a h r : Es herrscht seit Jahrzehnten auf unserem Globus ein arger Frevel. Beflügelt von der falschen These: Wer die Jugend hat, hat die Zukunft, ist es Brauch geworden, und der Brauch greift um sich, die Erwachsenenprobleme, kulturpolitische Absichten, parteipolitische Programme, wirtschaftliche Gelüste und dergleichen mehr auf dem Rücken der Jugendlichen auszutragen, sich aus Jugendlichen die Stoßtrupps für den jeweiligen Kampf zu formieren. Was soll das, wenn Volksschüler — so in der SBZ geschehen — Briefe gegen Adenauer verschicken, bei uns anti-Atom-Tod-Aufsätze fertigen und Adoleszenten Resolutionen für oder wider die konfessionelle Schule abfassen, wenn Abiturienten mit Schlagworten wie: schwarz-rot, rechts-links, u. v. a. herumwerfen wie ein Mathematiker mit Formeln, wenn Kaufleute den Heranwachsenden Konsumansprüche rücksichtslos aufsuggerieren, um ihren Umsatz über den leicht beeinflußbaren jungen Verdiener zu steigern? Willkürlich herausgerissene Beispiele — sie stehen für viele. Maßvolle Rücksichtnahme auf die Begeisterungsfähigkeit der Jugendlichen, die leicht zum Fanatismus wird, und auf die Integrationsbereitschaft, die sich verhältnismäßig schnell mißbrauchen läßt, ist geboten. Das hat fürwahr nichts zu tun mit irgendwelchen sektiererischen Schwärmereien, denen zufolge ein künstliches Gehege das geeignete Erziehungsmilieu liefern zu können meint. —

Worauf will das Stichwort M i ß s t a n d aufmerksam machen? Auf etwas sehr Triviales und Bekanntes, und zwar auf das ebenso verbreitete wie scheinbar kritiklos akzeptierte und praktizierte Modelldenken über die Jugend. Lauscht man dem Alltagsgerede, prüft man landläufige jugendkundliche Vorträge, analysiert man eine gewisse Sorte von Publikationen, so entdeckt man geradezu eine Inflation klischeehafter Vorstellungen und schematischer Bilder von der Jugend. Diese Schemata und Klischees werden bis zum Überdruß nachgeplappert, man berauscht sich an ihnen und — gibt sie weiter. Die Journalisten, genötigt, die Leserschaft mit immer stärkeren Sensationen zu füttern, suchen nach immer neuen Superakzenten aus dem jugendlichen Leben; generelle Schlagwörter und populäre Vordergrundmeinungen tragen das ihrige dazu bei, und selbst die wissenschaftliche Sprache enthält eine Fülle konjunktureller jugendkundlicher Formeln. Das alles bewirkt, daß wir uns ein Bild der jungen Menschen zurechtzimmern, das verzerrt, einseitig, weil verzeichnet ist. Wir schaffen uns, wie ich das andernorts einmal gekennzeichnet habe, Klischees, Schemen von Jugendlichen, ein Kabinett voller Modelltypen und sehen diese als getreues Abbild der gesamten Generation an; wir hantieren mit gedanklichen Stereotypien und vergewaltigen mit ihnen die echte und volle jugendliche Wirklichkeit: Dann neigt einfach die ganze Jugend zum Halbstarkenwesen, sie ist skeptisch, ist die verlorene Generation, geschlechtlich verwahrlost, körperlich akzeleriert, geistig dagegen retardiert, ihre Zeit erfüllt sich angeblich im Gewande des Teenagers und der Twens. Und gar der Sex-, Sensations- und Rekordrummel in den Illustrierten, Kinos und der übrigen sog. Massenmedien! Geschieht das wirklich alles im Dienste und zum Zwecke der gesellschaftlichen Integration? Ein leichtfertiger Mißbrauch wird hier getrieben, und es gilt zu begreifen, daß er und auch die erwähnten Modelltypen und Stereotypien den Integrationsprozeß der Jugend zwiefach zu irritieren vermögen: all das drängt die junge Generation in eine Rollenfunktion, die ihr einfach nicht zukommt und sie nur zu leicht an der wirklichen Nutzung ihrer Zeit vorbeitreibt; sodann, und das wiegt noch schwerer, ist es gar nicht gleichgültig, wie wir von der Jugend reden, welche Bilder wir von ihr malen. Das alles prägt bereits die Jugendlichen, wird zu einem Bestandteil ihrer Daseinsbedingungen, reiht sich ein unter die führenden oder verführenden Impulse, welche ihren Integrationsprozeß beeinflussen, und zwar in dem geschilderten Falle mit dem Effekt, daß die Integrationsbereitschaft der Jugendlichen auf Nebengleise verschoben, von den wirklich wichtigen Integrationsbereichen hingegen abgelenkt wird. —

Mittel und Medien der Integration

Nächst den Integrationssystemen, die wir als dynamische soziale Gebilde verstanden haben, und neben den zu Integrierenden, deren Integrationsbereitschaft nach Art und Maß wesentlich von den eigenen Impulsen, deren Ausformung indes von allerlei Entwicklungsfaktoren abhängt, stehen in einem Überblick über die hier zu bedenkenden Probleme jetzt M i t t e l u n d M e d i e n d e r I n t e g r a t i o n zur Besprechung an.

Seit die bundesrepublikanische Öffentlichkeit unter der Losung „politische Erziehung der Jugend" ihren einhelligen Willen bekundet, das Schicksal unserer demokratischen Einrichtungen pädagogisch in den

Herzen und Hirnen der Heranwachsenden zu verankern, hat ein eifriges Suchen nach den geeigneten Mitteln und Methoden für derlei Unterfangen eingesetzt. — Seitdem neuerdings von höchsten Stellen her das Volk sogar an seine nationale Gesinnung erinnert worden ist, hält man Ausschau nach dem, was man im Übereifer der Wirtschaftswunderjahre oder in einseitig gelenkter „deutscher" Politik mittlerweile beinahe verloren hat. Aber der Mensch braucht überpersönliche und doch personhafte Werte, an denen seine Gesinnung Richtung und Rückhalt zu finden vermag. Unter diesen Werten rücken Volk und Staat, so scheint's, allmählich wieder in die ihnen zukommende Rangordnung.

Soweit alles gut und richtig. Aber mit welchen Mitteln holen wir auf, was versäumt wurde? Wo sind die Symbole, die unsere Herzen noch rühren, unser Trachten noch beflügeln könnten? Welche sprechen die Jugend an? Auch diese Fragen werden von dem Integrationsproblem nachdrücklich aufgeworfen.

Adäquate Methoden und Mittel sind für unsere Integrationshilfen ebenso notwendig, wie Medien für unser gemeinsames staatliches und völkisches Leben sinnvoll sind. Indes, wir sollten uns möglichste Klarheit darüber verschaffen, wo in dem gesamten Erziehungs- und Bildungswerk an der Jugend diese Mittel und Methoden ihren Platz haben, was derzeit von solchen Symbolen erwartet werden kann, damit man nicht trügerischen Hoffnungen verfällt und in später Stunde vor dem Desastre eines Mißerfolges steht — wie so oft schon in der deutschen Erziehungsgeschichte.

Das bisher zur Integration Gesagte liefert uns den Rahmen zu solchem Abwägen und wird uns an Hand der vorzunehmenden Klassifizierung der Mittel und Medien den Vorgang der Integration weiter erhellen.

Eine Klassifizierung dieser Mittel ergibt sich, wenn man zwischen funktionalen Medien und intentionalen Mitteln der Integration unterscheidet.

Als funktionale Medien sind in erster Linie die Integrationssysteme selber, wenn auch nicht ausschließlich, anzusprechen. Wir sagten doch: sie sind Ziel, Weg und Mittel zugleich. Sofern überhaupt vorhanden und konsolidiert — in unserer Terminologie: sofern überhaupt integrationsmächtig — stellen Integrationssysteme, diesmal vom Integrationsgeschehen her beurteilt, dynamische Kraftfelder dar, die uns umgeben, werbend, auffordernd; sie greifen nach uns, ja zwingen uns sogar in die Begegnung mit ihnen und sind insofern schicksalhaft, weil unausweichlich. Lebendige Integrationssysteme wollen uns, und sie aktivieren deshalb in uns die ihnen gemäßen Handlungs- und Verhaltensweisen, um sich auf diesem Wege selber zu regenerieren. Denken wir doch daran, wie sicher, schlicht, aber umfassend die christliche Erziehung der Kinder inmitten einer lebendigen Christengemeinde erfolgt; wie selbstverständlich Kinder aus einer echten Familie zu einem ebensolchen Familienbewußtsein gelangen. Ich darf an meine siebenbürgische Heimat, als auf ein gültiges Schulbeispiel, verweisen: dort herrscht lebendige Volksgemeinschaft; in sie hinein wird jedes Kind geboren, es übernimmt die Gemeinschaft genauso wie sein körperliches Dasein, es wächst, liebt, lebt, arbeitet und stirbt in ihr. Diese Gemeinschaft war 800 Jahre lang von höchster integrativer Funktion.

Wie aber, wenn Gemeinde, Gemeinschaft nicht oder nur locker bestehen — man pflegt dann zu sagen: sie funktionieren nicht mehr, sie sind nicht mehr lebendig, sind erstarrt, von Werten entleert, veräußerlicht, tot — wenn den Integrationssystemen die Integrität und damit die Ausstrahlungskraft, eben die integrative Wirkung fehlt? Dann entbehrt man des wichtigsten Garanten aller Integrationserfolge. Und genau das ist teilweise die Situation, in der wir uns befinden: Die Christen sind auch bei uns, wie A. Camus einmal festgestellt hat, mächtig, das Christentum aber ist schwach geworden; das deutsche Volk suchen nicht nur fremde Reporter vergebens in unseren Landen; Demokratie muß bei uns erst noch zum wirksamen „geistigen Klima" (Litt) werden, der Staat aller Deutschen steht bloß in Hoffnung, ansonsten in der Willkür der Mächtigen; wir treiben zwar Politik, aber uns geht noch das politische Sein ab; Parteien regieren und bauen auf, aber sie schaffen zu wenig gemeinsame Grundlagen; Verbände entstehen, doch sie leben mehr aus der Absonderung denn für die Integration aller zum Ganzen.

So stehen wir mit unseren derzeitigen Integrationsbemühungen in Deutschland in einer Zweitfronten-Aufgabe: weil das, wohin wir die Jugend integrieren möchten, noch nicht vorhanden ist, müssen wir an den Integrationssystemen selber von Grund auf bauen. Ungerecht, wollte man die gerade in letzter Zeit sichtbar gewordenen positiven Ansätze hierfür unterbewerten, aber, historisch betrachtet, stehen wir heute vor der endgültigen Alternative; entweder wir besinnen uns auf das, was uns eint, bindet und lassen aus geballter Zuversicht, williger Hingabe, bewußtem Opfer und gemeinsamem Leid die große deutsche Gemeinschaft neu- bzw. wiedererstehen — oder wir verlieren uns selbst und die Jugend dazu.

So unbefriedigend die Gesamtsituation, so reichhaltig sind doch noch die Fäden zwischen dem, was wir ersehen, und den Heranwachsenden. Dazu zählen z. B.: die Muttersprache, die Reste von volksgebundenem Lebensstil, von Sitte, Brauchtum und Kultur, Vor- und Leitbilder unserer Geschichte, nationale Symbole u. a. m. Es sind das echte funktionale Medien der Integration, nur müssen wir sie hinfort bewußter als bislang als solche anerkennen, selbstlos hegen und liebevoll zur Wirkung bringen.

Doch wie steht's damit? Es gibt wohl keine andere Kulturnation, die ihre Muttersprache in Wort und Schrift so schlecht beherrscht wie die unsrige und auch mit so wenig Verantwortung behandelt. Dabei dachten und schrieben in ihr Kant und Goethe, Luther und Pestalozzi, Klopstock und Hölderlin. Prüfen Sie nur, wie unglaublich arm unser täglicher Wortschatz geworden ist. Von der geradezu läppischen Fremdtümelei gar nicht zu reden. — In der höheren Schule fungiert die Muttersprache auf weiten Strecken nur noch als gedankliches Vehikel für philologische Analysen und literarhistorische Systeme.

Und unser deutscher Lebensstil? Sitte und Volksgut? Gewiß, hier ändert sich allenthalben viel und wohl auch unaufhaltsam. Wertvolles läßt sich indes auch in neuen Formen erhalten. Beschämend aber, wenn sich erst ein ausländischer Schnulzenheros unserer Volkslieder erbarmen muß, ehe sie in Deutschland wieder gesellschaftsfähig werden. Wir klatschen uns in Theatersälen die Hände wund vor lauter Begeisterung über die Darbietung ausländischer Trachten-, Volkstanz- und Gesangsgruppen. Vorzüglich, doch fragen Sie einmal die Begeisterten, wer Friedrich Silcher war. Also, nicht wessen man sich zusätzlich erfreut, nicht der fremde Reichtum ist vom Übel, sondern, was wir an Eigenem unter uns und für uns selbst versäumen. —

Die Geschichte unseres Volkes ist, wie wir alle wissen, an großen, hehren, genialen und weithin leuchtenden Vorbildern nicht arm. Sie müssen nur erweckt und dem jungen Menschen gegenübergestellt werden. Wie hoch schlägt aber unsere Begeisterung für sie? In welchem Maße leben wir ihnen nach, um sie der Jugend vorzuleben? Historische Vorbilder bedürfen der aktuellen Repräsentation!

Meinen wir es mit der Integration u n s e r e r Jugend ernst und ehrlich, müssen wir uns selber vor solchen Fragen entscheiden und tätighandelnd, nicht bloß philosophierend, bewähren. Das gilt auch betreffs Symbole. Wir sind arm an Symbolen geworden. Sie sind indes von nicht abzuschätzender integrativer Bedeutung. Vielleicht besitzen wir heute nur noch ein einziges gemeinsames: die Farben unserer Flagge. — Laßt die wertvollen alten erwachen und kräftige neue erstehen! Politiker, die so eifrig nach Macht und Regierung streben bzw. diese festhalten, Wissenschaftler und Künstler, die zur sog. Elite zählen, alle öffentlichen Berufsträger müssen selber nachahmungswert symbolisieren, was das wahre Deutschland war und dereinst werden soll. Sie müssen, denn sonst verfehlen sie ihre Sendung im Vaterland und im Volke. Sie sollen integrative Kristallisationspunkte sein, wenn nicht, bewirken sie das Gegenteil. Man kann den großen politischen Parteien und ihren Lenkern den Vorwurf nicht ersparen, daß von Ihnen ein zu geringer integrativer Einfluß auf die Masse des Volkes bislang ausgegangen ist. Es ist ein Jammer: unserem Volke und seiner Jugend fehlen die Repräsentanten lebendiger Gemeinschaft, es fehlen die Sammler zum Ganzen. De Gaulles rühmt man u. a. nach, er schenke seiner Nation die Seele wieder. Wer rettet die deutsche Seele?

Ach, es gibt so viele hämische Nihilisten unter uns, Verleugner aller bodenständigen Werte und Bindungen, völkisch Entwurzelte, politische Freischärler, Kritiker um der Kritik willen, die alles und jedes zerreden, bespötteln, madig machen — und sie verfügen über Druckerschwärze und Mikrophone —, daß man schier zweifeln möchte, ob sich bei uns überhaupt noch so etwas wie ein überpersönliches Integrationssystem wird konsolidieren können, das geschlossen, eindeutig und wirkungsvoll genug wäre, uns und unsere Jugend in sich zu beherbergen. Traurig ist, aber wahr: Die funktionale Integration unter uns ist minimal.

Was Wunder, wenn wir unsere Bemühungen um die Integration der Jugend, da wir uns auf die funktionalen Erziehungskräfte in Volk und Staat nicht verlassen können, mehr und mehr auf i n t e n t i o n a l e M i t t e l stützen und konzentrieren müssen. Es bleibt beinahe nichts anderes übrig, wiewohl man sich hüten wird, diese Mittel überzubewerten. Aber auch Bequemlichkeit verleitet dazu, ausschließlich nach ihnen zu greifen. Ist es nun einmal leichter, über Gemeinschaft zu dozieren als sie vorzuleben.

Die intentionalen Mittel der Integration lassen sich unterteilen in mittelbare und unmittelbare.

Zu den m i t t e l b a r e n gehört all das, was zum Zwecke der integrativen Erziehung und Bildung im weiteren Sinne organisiert, eingerichtet, arrangiert, gestiftet und materiell zur Verfügung gestellt werden kann: Schulen, Heime, Begegnungsstätten, Freizeitasyle, Treffen, Tagungen, Reisen, Büchereien, Verbände usw. usw.

Bund und Länder investieren in diese Einrichtungen bekanntlich immense Summen, und große Fortschritte sind erzielt worden. Alle Einrichtungen bieten indes erst die äußere Möglichkeit zu integrationspädagogischer Arbeit und bedürfen daher der zweckgemäßen Ausnutzung. Wie derlei Ausnutzung z. Z. erfolgt, darf uns hier nicht länger beschäftigen, doch drängen sich etliche Erfahrungen auf, die wir schnell zusammenstellen:

1. Die Gesamtheit dieser Einrichtungen ist, da verschiedenenorts und meist aus persönlicher Initiative entstanden, dazu kompetenzhalber vielfach auseinandergerissen, wenig integriert, zu sehr mosaikhaft und zufällig zusammengesintert; weder sichern die Einrichtungen dem sich

entwickelnden Jugendlichen ein lückenloses Fortschreiten, noch ergänzen sie einander in der Breitenwirkung. Soll weitere Differenzierung nicht in der Zersplitterung und Planlosigkeit enden, bedarf es eines großzügigen Integrationsplanes, der jeder Einrichtung die volle Ausschöpfung ihres Schwerpunktes und zugleich die unterstützende Funktion seitens der übrigen Einrichtungen garantiert.

2. Die meisten Einrichtungen widmen sich, zeitlich bedingt und situativ verständlich, der intellektuellen Schulung mittels Vortrag, Seminar und Diskussion. Wir brauchen aber, wenn wir die gesamte Jugend ins Auge fassen, erst recht als notwendigen Ausgleich neben dem überall, vornehmlich im Schulwesen eingewurzelten einseitigen Intellektualismus, eine stattliche Anzahl von Einrichtungen, die die tätig-handelnde, rhythmisch-musische Gemeinschaftspflege, d. h. das erzieherische Element in den Mittelpunkt stellen.

3. Die im außerschulischen Raume mit außerschulischer Manier zu leistende pädagogische Arbeit, die man gemeinhin als „Jugendarbeit" zu bezeichnen sich angewöhnt hat, muß als ein relativ eigenständiges Teilgebiet der Pädagogik bald System und Methode erhalten, da sonst auch die Ausbildung der vielen Leiter, Erzieher und Betreuer gefährdet bleibt. Es ist dringend zu wünschen, daß die wissenschaftliche Pädagogik diese Chance erkenne und, selbst an den Universitäten, wahrnehme.

4. Investierungen, Aufwand und Betreuung kommen bislang weit mehr der „organisierten" Jugend jeglicher Form zugute, weniger den im sog. „freien Raume" ungebunden schwebenden Jugendlichen, die sicherlich die Mehrzahl ausmachen. Um ihre Integration sollten wir uns mühen.

Die Erfahrungen lassen hoffen, daß die Gesamtzahl der Einrichtungen, sinnvoll sich ergänzend, einig in dem Auftrag und fachmännisch geführt, künftig ein erfolgreiches Instrument im Dienste der Integration unserer gesamten Jugend abzugeben vermöchte.

Unserer Einteilung zufolge stehen nun noch die u n m i t t e l b a r e n, also d i r e k t e n M i t t e l aus. Zu ihnen gehören als vornehmste: die planmäßige pädagogische Führung im weiteren Sinne, die Lehre, Unterweisung, der Unterricht, die Schulung und neuerdings die Mittel der sog. „Massenmedien", denen wir ruhig auch das Theater, den Konzertsaal und die Versammlungen aller Art hinzurechnen dürfen. Über letztere wird so viel und laufend gehandelt, daß wir sie ausklammern. Hinsichtlich der übrigen gilt es darauf aufmerksam zu machen, daß man im Gebrauch der direkten Integrationsbemühungen im Begriffe ist, einen alten pädagogischen Fehler zu wiederholen. Wir machen aufmerksam auf die Überbetonung der Belehrung, des Unterrichts, des Wissens über Staat und Demokratie, des Intellekts, bei gleichzeitiger Vernachlässigung der Ü b u n g   in den G e m e i n s c h a f t s t u g e n d e n , Vernachlässigung der gemüthaften Werte und der seelischen Bindungen. Charakter bewirkt aber mehr als Wissen, Gesinnung reicht weiter als Erkennen, Tugend wiegt schwerer als alle Vorstellung. Dem widerspricht nicht, wenn Theodor Litt überzeugend dartut, daß und warum in unserer gegenwärtigen Situation, in der es uns an den selbstverständlichen Formen des Gemeingeistes — wir können jetzt sagen: an funktionstüchtigen Integrationssystemen — noch gebricht, dem „Anteil der bewußten Besinnung", dem klaren Erkennen der politischen Zusammenhänge und einem gediegenen Wissen um Staat, Demokratie und Volk eine stärkere Bedeutung zufällt als anderswo, wo diese Integrationssysteme pure Selbstverständlichkeiten sind.

Der apostrophierte Fehler begänne, wo und sobald man auf die übergeordneten Integrationssysteme überhaupt vergäße oder versuchte, sie ausschließlich mit dem Mittel intellektueller Bildung zu zeugen und zu sichern.

Hier ist nun der Ort, das Stichwort „ p o l i t i s c h e B i l d u n g " fallen zu lassen, worauf wahrscheinlich mancher schon seit langem ungeduldig wartet. Das Stichwort verweist ohne Zweifel auf ein gewichtigtes und bevorzugtes Mittel im Dienste der gesellschaftlichen Integration, aber es ist eben nur eines unter vielen anderen Mitteln, und zwar seinem Wesen und seiner Wirkung nach ein direktes, intentionales. Wir legen Wert darauf nahezubringen, daß Wort und Sache der politischen Bildung ihre Zuständigkeit an einem bestimmten Orte im Gesamtsystem der Integrationspädagogik erhalten. Es erscheint völlig ausgeschlossen, die ganze Integrationsaufgabe an unserer Jugend allein mit „politischem Unterricht" einzulösen.

Betrachten und betreiben wir politische Jugendarbeit nicht nur im engeren Sinne, d. h. als wissensmäßige Belehrung, sondern erstreben wir mit ihr auch gesellschaftspolitische E r z i e h u n g , also Integration mit Herz, Gemüt und Verstand, dann stehen wir mit solchem Unterfangen vor drei schwierigen wissenschaftlichen und praktischen Aufgaben:

1. Wenn feststeht, was an politischem Wissen man heute nötig hat, gilt es zu ermitteln, welche Form der Darbietung auf den einzelnen Entwicklungs- und Integrationsstufen der Heranwachsenden angebracht und möglich ist. Nicht weniger wichtig erscheint die Einordnung der politischen Bildung in den übrigen Bildungsgang der Schüler und Jugendlichen. Mit einem bloß zusätzlich angekleisterten Unterrichtsfach, ganz gleich wie wir es heißen, wäre zwar etwas, aber nicht viel gewonnen. Vermutlich würde einem solchen Fach das Schicksal der ehemaligen „Staatsbürgerkunde" zuteil. —

2. Um die erzieherische Auswirkung aller Diskussion, Lehre und Schulung einkalkulieren zu können, muß erst einmal vorgeklärt werden, wie denn in dem besonderen Falle der politischen Aufklärungsarbeit der Weg vom bloßen Wissen zum verantwortungsvollen Verhalten gangbar ist, sodann, wie wir unsere politischen Entwicklungshilfen zu einem allgemeinen Impuls für das gesamte übrige Schul-, Heim- und Freizeitleben der Jugend sich auswirken lassen können. Es geht hierbei um die entscheidende Frage: Wie kann das politische Phänomen zum altersgemäßen Erlebnis werden. Zu spärlich überlegt man sich dies, zu optimistisch greift man nach dem Lehrbuch. —

3. Irgendwie müssen die politischen Erziehungs- und Bildungsbemühungen in der Schule und in allen übrigen Institutionen von dem Pulsschlag des öffentlichen Lebens, auch von dem in der Familie, mitgetragen und mitgefördert werden, sonst bleiben sie „institutionalisiert", isoliert und auf die Dauer fruchtlos. Die Vorentscheidung der politischen Schulbildung fällt außerhalb der Schule. —

Im Rahmen der Integrationsproblematik und im speziellen Zusammenhang mit den direkten Mitteln der politischen Aufklärung rückt nun in ein breiteres Licht, was sachlich und methodisch im In- und Ausland unter der Bezeichnung „Bewältigung der Vergangenheit" betrieben wird. Wir erschauern vor der Hypothek, die es abzutragen gilt, vor der Schuld, die unser ganzes politisches Sein und Wollen, damit auch den Integrationsprozeß unserer Jugend schwerstens belastet. Wir wollen büßen! Indes, wollen wir wirklich gesunden und reifen, müssen wir und die anderen irgend einmal bis zur Überwindung gelangen und uns an diese dann halten. „Bewältigung" läßt sich weder mit Zeit- noch Währungseinheiten auf die Dauer messen. Sie wird mit Reue aufgewogen und erledigt sich durch Gesinnung. Erinnerung an die Toten muß sein und soll nicht vermieden werden, entscheidender aber ist, wessen die Lebenden bedürfen. Ich habe nicht den Eindruck, daß man der Integration unserer Jugend mit der Art, wie die „Bewältigung" betrieben wird, immer und überall einen selbstlosen und eindeutigen Dienst erweist. Die Frage hat, inmitten einer Integrationsthematik, zwei Seiten: eine pädagogische und eine nationale. Pädagogisch gewertet heißt die eigentliche Aufgabe unserer 10—25jährigen heute: Bewältigung der Gegenwart und Meisterung der Zukunft. Diese Aufgabe mutet ungleich schwerer an als Konservierung der Vergangenheitskomplexe. — National empfunden leidet die Aktion „Bewältigung der Vergangenheit" daran, daß sie nicht umfassend genug, d. h. international durchgeführt wird. Man beschränkt sie auf die deutsche, in ihrer letzten Epoche sündhafte Vergangenheit und begnügt sich mit wohlabgezirkelten Wahrheiten. Wir sollten alle, gemeinsam aus dem Gestern in das

Morgen treten. Bewältigung der Vergangenheit aller, als humane Integrationshilfe für jedermann! —

Lassen Sie mich schließlich auf eine weitere Gruppe von Einflüssen, denen das Weltbild unserer Jugend unterliegt, wenigstens kurz noch hinweisen, nicht nur, weil diese Einflüsse an diese Stelle unserer Integrationssystematik hingehören, sondern auch um ihrer Bedeutung, allerdings zweifelhaften Bedeutung wegen. Ich nenne sie die öffentlichen Pseudomittel der Integration. Aufzuzählen sind: Die Sensationsblättchen, die Tarnschriften jeder Art, Schundhefte, Illustrierte, die Litfaßsäule, der Kiosk, Kinoreklame, Schaufensterdekorationen u. a. m. Sie befriedigen angeblich ein Bedürfnis nach Information, geben vor, aufklären zu wollen und derlei Dinge mehr. Diese Pseudomittel der Integration stellen uns vor die pädagogische Entscheidung: Geht die demokratische Freiheit so weit, daß man die menschlich-sittlich-politische Entwicklung der Jugend dem allem in solchem Maße aussetzen und ihre Integration gefährden lassen muß? —

Nach diesem Überblick über die Mittel und Medien der Integration obliegt uns nur noch die kurze Antwort auf eine allerletzte Frage: Kennt der Integrations e r f o l g verschiedene Vollendungs- oder Niveaustufen? Gibt es Anhaltspunkte, sich darüber Rechenschaft abzulegen? Es handelt sich also um die:

Stufen des Integrationsvollzuges

Die abschließende und unser Thema abrundende Frage nach solchen Stufen ist erlaubt und sinnvoll, denn wir müssen in der Erziehungspraxis abschätzen, welches Ergebnis jeweils unsere Bemühungen gezeitigt haben bzw. zeitigen; wir kommen also nicht umhin festzustellen, inwiefern die Jugend als Generation, inwiefern eine Gruppe und der einzelne in sich verwirklichen, was wir bezwecken.

Zunächst und allgemein: Es gibt weder eine individuelle Einstellung noch ein kollektives Verhalten, an denen nicht abzulesen wäre, welche Position gegenüber der völkischen und politischen Gemeinschaft bezogen wird. Selbst eine Ablehnung bedeutet eine Stellungnahme, nicht minder die Flucht.

Die große Skala möglicher und faktischer Integrationserfolge zerfällt in drei große Stufen. Wir kennzeichnen sie als: Desintegration, Scheinintegration und Integration. Desintegriert ist, wer radikal verneint, emotional-triebhaft sich sperrt oder sich passiv-neutral distanziert. — Zu den Lösungen der Scheinintegration gehören die Formen sekundär motivierter Fügung und berechnender Anpassung. — Integriert hingegen lebt, wer bewußt bejaht, ethisch gebunden ist oder gar bis zur existenziellen Identifikation gelangt.

Wir sollten diese Maßstäbe auch einmal an die Erwachsenenwelt, selbst an unsere Volksvertreter, Abgeordneten, Beamten und auch an die oft beschworene „Elite" im gesellschaftlichen und politischen Leben anlegen! Dann erst hat es Sinn zu fragen: Wo stehen unsere Jugendlichen? Was hierüber Forschung und Praxis zu vermelden wissen, können wir nicht mehr referieren.

Beenden wir unseren Rundgang durch die Probleme der gesellschaftlichen Integration unserer Jugend, indem wir versuchen, die ausgebreiteten Gedanken in zwei Punkten zusammenzufassen:

1. Es mag deutlich geworden sein, daß das Integrationsproblem nicht aufgehängt werden kann zwischen den kursierenden Schlagwörtern: Konformismus — Non-Konformismus, rechts — links, Schwarz — Rot, Christ — Sozialist, Zentralismus — Partikularismus. Das Integrationsproblem geht durch alle hindurch und fordert sie alle in dieselbe Verantwortung.

2. Die alles umfassende säkulare Integrationsaufgabe unserer deutschen Gegenwart lautet, formelhaft geprägt: Ausgleich bzw. Überwindung der Gegensätze von: Kultur und Arbeit, Bildung und Leben, Wirtschaft und Geist, Technik und Ethik, Masse und Gemeinschaft, Volk und Staat, Freiheit und Demokratie, Wissen und Glauben, wir und die Welt — Aufgaben, für die zu leben sich wirklich lohnt, auch für die deutsche Jugend.

Der Einfluß des Lebensstandards der Familie auf Lebensgestaltung und Lebensplanung der Jugendlichen

—Gesamtbericht—

Von Prof. Dr. Stephanie Münke

I. Einführung

Die Jugend ist in der Nachkriegszeit zu einem bevorzugten Gegenstand der sozialwissenschaftlichen Forschung geworden; sie zählt zu den bei der Presse immer wieder beliebten Themen; eine Vielzahl von Organisationen und Institutionen ist mit oder für die Jugend tätig oder bemüht, sie für sich zu gewinnen. Überall diskutiert und von allen Seiten — nicht zuletzt in ihrer Konsumentenfunktion — umworben, sieht sich „die Jugend" im Vordergrund des öffentlichen Interesses.

Die fast verwirrende Fülle an Material und Informationen, aber auch die Diskrepanz der Meinungen und Deutungen ihres Verhaltens wurde spürbar, als die deutsche Sektion der Internationalen Vereinigung für Sozialen Fortschritt ihren Bericht zum Thema „Jugend von heute — Gesellschaft von morgen" für den Kongreß dieser Vereinigung im September 1958 in Lüttich-Brüssel zu erstellen hatte. Bei dieser Gelegenheit zeigte sich andererseits, daß man zu einigen der von der Internationalen Vereinigung angeschnittenen Punkten dennoch nur schwer belegbare Aussagen machen konnte. Zu diesen Punkten zählte vor allem die Frage: „Welche Probleme erwachsen für die Jugend im allgemeinen aus der Hebung des Lebensstandards der Arbeiterfamilien?"

Das Gewicht dieser Frage wird aus den einleitenden Sätzen des Fragebogens der Internationalen Vereinigung deutlich: „Mehr denn je tritt die Sorge in den Vordergrund, die junge Generation auf die Gesellschaft von morgen, die sehr unterschiedlich von jener von gestern ist, vorzubereiten. — Quer durch die Welt ist ganz eindeutig eine Veränderung der Lebensweisen im Gange. Immer mehr breitet sich der Wille aus, einen gewissen Grad von Wohlstand und Sicherheit zu erlangen und zur Befriedigung mancher neuen Bedürfnisse zu gelangen ... Und die ältere Generation muß die junge davon überzeugen, daß die anziehenden Seiten des neuen Lebens den Besitz eines bemerkenswert hohen Grades von Kultur geradezu erforderlich machen. So aufgeklärt, werden die Jugendlichen die Realität der individuellen Anstrengungen erkennen, die geleistet werden müssen, um zur glücklichen Teilhabe an dieser neuen Welt zu gelangen. Besser darauf hingewiesen, werden sie keine Mühe haben, festzustellen, daß eine schwach entwickelte Ausbildung weniger und weniger ausreicht, um die Fülle des besseren Lebens zu gewährleisten..."

Eigene Unzufriedenheit mit der lediglich auf Stellungnahmen einiger zuständiger Stellen und auf allgemeinen Beobachtungen beruhenden Ausführungen zu diesem Punkt im deutschen Bericht hat den Anlaß zu dem Versuch gegeben, diese Frage empirisch näher zu untersuchen. Hierbei hat sich eine Ausweitung des Themas in zweierlei Hinsicht als zweckdienlich erwiesen: einmal wurden nicht nur Jugendliche aus Arbeiterfamilien, sondern aus Familien aller Bevölkerungsschichten in die Untersuchung einbezogen; außerdem ist der schwer abgrenzbare Begriff „Jugend" durch die „Jugendlichen" einer bestimmten Altersgruppe (17 bis 21 Jahre) ersetzt worden.

Eine Untersuchung der Auswirkungen des allgemein gestiegenen Lebensstandards erschien zudem gerade in der Bundesrepublik deshalb als wichtig, weil er nach der Überwindung der außergewöhnlichen Notzeiten nach dem letzten Krieg im Bewußtsein der Bevölkerung eine besondere Rolle spielt; man vergleicht die eigene Lebenslage mit den Verhältnissen vor zehn oder fünfzehn Jahren — man vergleicht die eigene Situation aber auch mit der seiner Mitmenschen der näheren oder ferneren Umgebung und setzt oft alles daran, durch demonstrativen Verbrauch ein gewisses Niveau an Lebenshaltung zur Schau zu tragen. So hat der kurzfristige Wechsel von krassem Elend zu relativem Wohlstand hier besonders augenfällige, nicht immer nur positive Nebenwirkungen erzeugt. In einem Beitrag von gewerkschaftlicher Seite war bei der Vorbereitung des Internationalen Kongresses für Sozialen Fortschritt seinerzeit die Überbewertung der materiellen gegenüber den ideellen Werten und die Huldigung des „Götzen Lebensstandard" bei der Jugend kritisch erwähnt worden.

Diese Studie muß sich auf einige Aspekte des Problems beschränken; viele Fragen, wie z. B. die der gegenwärtig häufiger beobachteten Wohlstandskriminalität der Jugendlichen, mußten zurückgestellt werden. So ist lediglich der Versuch unternommen worden, Einflüsse der Wohlstandsmehrung auf das Leben der Jugendlichen in der Familie, auf den Gebrauch, den Eltern und Kinder von größeren materiellen Möglichkeiten machen, und schließlich auf die berufliche und soziale Vorbereitung der Jugendlichen auf ihre künftige Stellung in der Gesellschaft herauszufinden.

Außer Herrn Oberregierungsrat Arnim S o b o t s c h i n s k i , Wiesbaden, — unserem Berater in methodischen Fragen, zu den von Herrn D. von B i s m a r c k durch ihren Seltenheitswert charakterisierten „Drei-

Bigern" zählend — haben nur junge Menschen an der empirischen Untersuchung mitgewirkt. Die sieben Berliner Studenten, die 1958 am Kongreß teilgenommen hatten, auf dem das Thema behandelt wurde, kritisierten seinerzeit, daß außer ihnen kaum Jugend anwesend gewesen sei, hier hätten nur ältere Menschen über die Jugend gesprochen, ohne daß sie selbst zu Worte gekommen sei. Deshalb wurde darauf geachtet, daß diese Untersuchung von Studenten durchgeführt wurde, die selbst den in der Studie erfaßten Jugendlichen altersmäßig nahestanden. Fräulein stud. rer. pol. Elisabeth H a h n und Herr stud. soc. Martin B e n d e r wirkten bei der Ausarbeitung der Frageschemata sowie bei den Probeinterviews mit und führten die Intensiv-Interviews mit den Jugendlichen und ihren Eltern durch; an der Aufbereitung des Materials war außerdem Fräulein stud. phil. Helga H o f f m a n n beteiligt.

II. Ansatzpunkte für die Fragestellungen der Untersuchung im internationalen Vergleich

So wie sich die Idee zu der vorliegenden Studie aus den Beratungen der Internationalen Vereinigung für Sozialen Fortschritt entwickelt hatte, wurden auch die Ergebnisse von Studien ihrer verschiedenen Sektionen als Anregung für Fragestellungen der deutschen Untersuchung ausgewertet.

Der französische Bericht äußert sich zur Frage nach den Auswirkungen des gestiegenen Lebensstandards der Arbeiterfamilien insofern vorsichtig, als er die Erhöhung des Lebensstandards nur mit einer gewissen Einschränkung bejaht.

Im übrigen ist er, da vorwiegend auf die größere finanzielle Bewegungsfreiheit der Eltern abgestellt, optimistisch. Die Eltern haben danach heute eher als früher die Möglichkeit, ihren Kindern den Unterhalt während des Besuches einer höheren Schule oder während einer technischen Ausbildung zu gewähren.

Allerdings wird auch hier festgestellt, daß Kinder der breiten Schichten nur wenig mehr als früher die höhere Schule besuchen; dagegen hat der Besuch der Aufbauschulen (für die 14—16jährigen) — vor allem in den Großstädten — merklich zugenommen.

Als wesentliche Folge der Wohlstandsmehrung wird angesehen, daß die Verlängerung der Schulpflicht zumindest in den Städten dadurch auf keine größeren Schwierigkeiten stößt.

Besonders erwähnt werden in diesem Zusammenhang die Familienbeihilfen, nicht nur als Hebung des Lebensstandards der Familien, sondern ausgesprochen im Hinblick darauf, daß sie die Eltern in die Lage versetzen, längerfristige Pläne für die Zukunft ihrer Kinder zu machen und sich für deren Vorbereitung auf ihre berufliche Zukunft einzusetzen — also eine zugleich psychologisch positive Wirkung auf die Planung der Eltern für ihre Kinder ausüben.

Die den Jugendlichen unmittelbar zukommenden Ausbildungsbeihilfen werden in Frankreich auch unter soziologischem Aspekt gesehen: die Jugend schätzt die ihr dadurch gebotene Unabhängigkeit von der Familie, doch wird die Gefahr nicht übersehen, daß solche Förderungsmaßnahmen das Gefühl der Jugendlichen für Selbstverantwortung und ihre Bereitschaft zu eigenen Anstrengungen schwächen, was sich wiederum ungünstig für ihr Fortkommen in späteren Jahren auswirken könnte.

Der Bericht der Schweiz bejaht die Steigerung des Lebensstandards der Familien uneingeschränkt; daraus haben sich für alle Jugendlichen, gleich, welcher Bevölkerungsschicht sie angehören, Erleichterungen bei der Berufswahl und Berufsausbildung ergeben.

Probleme werden — ähnlich wie in Frankreich — dort gesehen, wo die materielle Unabhängigkeit der Jugendlichen den Familienzusammenhalt zu beeinträchtigen droht; der Jugendliche gewöhnt sich früh daran, ein erhebliches Einkommen für sich selbst zu verbrauchen — das setzt sich später in der jungen Ehe weiter fort.

Im Gegensatz zu den Beobachtungen in Frankreich und — wie noch zu zeigen sein wird — auch in Deutschland, glaubt man in der Schweiz feststellen zu können, daß auch die Arbeiterjugend infolge der Hebung des Lebensstandards in größerem Umfang als früher von der Möglichkeit des Studiums Gebrauch macht. Man sieht dadurch in der Schweiz einen neuen Kreis von Akademikern heranwachsen.

Stellten der französische und der Schweizer Bericht stärker die mit der Wohlstandsmehrung verbesserten Ausbildungs- und Berufsmöglichkeiten der Jugendlichen in den Vordergrund, so weist der Bericht Belgiens vor allem auf das dadurch veränderte Verbrauchsverhalten hin.

Von der Feststellung ausgehend, daß der Lebensstandard auch der Arbeiterfamilien sich gehoben hat und weiter heben wird, erwartet man davon eine Steigerung der Konsumwünsche, ohne genau sagen zu können, in welcher Richtung sie sich entwickeln, welcher Art sie fernerhin sein werden.

„Wer hätte auch nur vor 20 Jahren voraussehen können" — so heißt es hier — „daß das Fernsehen eine so wichtige Rolle im Leben der Bevölkerung spielen oder daß die Technik auf diesem Gebiet so weit entwickelt werden würde? Und wer würde zu sagen wagen, daß diese Rolle unbedingt einen Gewinn darstellt?"

Gewisse Zweifel klingen auch hier an, ob die Verbesserung der Lebenslage und die größere Existenzsicherheit durch Förderungsmaßnahmen der Gesellschaft das Interesse und die Aufgeschlossenheit der Jugendlichen für eine Weiterentwicklung auf geistigem Gebiet bewirkt haben und bewirken werden.

Von einem gewissen Fortschrittsoptimismus dagegen zeugen die Berichte aus Griechenland und Jugoslawien; hier liegt der Akzent der Stellungnahmen zu dem Thema wiederum auf den Bildungs- und Ausbildungsmöglichkeiten, die den Jugendlichen im Verlauf der wirtschaftlichen Entwicklung der beiden und anderer Länder in ähnlicher Situation geboten werden.

So hat sich z. B. nach dem griechischen Bericht die Lebenslage der Jugendlichen zwar verbessert, allerdings wird hier auch vermerkt, daß ihre Wünsche und Bedürfnisse noch schneller als die Möglichkeiten zu deren Befriedigung zugenommen hätten, so daß die Jugendlichen unzufriedener als früher sind und selbst wohl kaum eine Hebung des Lebensstandards zugeben würden.

Entsprechend der Situation in Jugoslawien geht dieser Bericht stärker auf die mit dem Industrialisierungsprozeß dieses Landes verbundenen Veränderungen im Arbeitsleben der jungen Menschen ein. Die Hebung des Lebensstandards wird uneingeschränkt anerkannt, doch werden die gegenüber früheren Verhältnissen gewandelte Stellung des Jugendlichen in der Arbeitswelt wie seine beruflichen Chancen nicht ohne Kritik skizziert; vor allem sieht man hier die soziologischen Probleme, die mit der Industrialisierung für die ursprüngliche Agrarbevölkerung verbunden sind, so vor allem die zeitweilige oder dauernde Trennung des Jugendlichen von seiner Familie und seiner gewohnten Umwelt.

Aus dieser internationalen Übersicht, die zwar nur einige Länder einbeziehen kann, dafür aber einen Eindruck von der Situation in Ländern mit unterschiedlicher Wirtschafts- und Gesellschaftsordnung vermittelt, ergaben sich Anregungen für die Fragestellungen der deutschen Untersuchung:

1. In Belgien und in der Schweiz wird ohne Einschränkung anerkannt, daß sich die Lebenslage der Familien gebessert hat; in Frankreich macht man gewisse Vorbehalte, stimmt der bereits in der Frage enthaltenen These jedoch grundsätzlich zu. In Griechenland wird die Steigerung des Lebensstandards als objektiv vorhanden bezeichnet, wenngleich sie in subjektiver Sicht der Jugendlichen oft nicht als solche erscheint.

2. Frankreich, die Schweiz und Griechenland bezeichnen als augenfällige Wirkungen dieser ökonomischen Fortschritte einen höheren Ausbildungsstand und bessere berufliche Möglichkeiten der Jugendlichen.

3. Probleme für das Familienleben zeichnen sich in Frankreich und in der Schweiz insofern ab, als die größere finanzielle Unabhängigkeit

der Jugendlichen ihre Bindung an Elternhaus und Familie zu beeinträchtigen drohen.

4. In Belgien — dem Land, mit dem in Europa bisher höchsten Lebensstandard der Arbeitnehmer — stehen Bedenken hinsichtlich der Verwendung der größeren materiellen Möglichkeiten im Vordergrund der Betrachtungen.

III. Auswahl der Familien und Methode der Untersuchung

Eine Repräsentativerhebung wäre im Rahmen der zur Verfügung gestellten Mittel nicht möglich gewesen; deshalb beschränkt diese Arbeit sich bewußt darauf, lediglich eine Fallstudie zu geben und eine relativ kleine Zahl von Familien, diese aber unter den verschiedensten Gesichtspunkten zu untersuchen. Eingehende Gespräche mit den Jugendlichen und unabhängig davon — auch zu einer anderen Zeit als mit den Jugendlichen — mit ihren Eltern sowie mit den Lehrern, Ausbildern, Erziehern und anderen in der Jugendarbeit stehenden Persönlichkeiten sollen ein umfassendes Bild dieser Familien geben.

1. Die Jugendlichen...

Bei der Vorbereitung dieser Arbeit stand zunächst die Frage zur Diskussion, ob man sich auf eine bestimmte Gruppe Jugendlicher konzentrieren oder Jugendliche aus den verschiedensten Familien und mit unterschiedlichen Berufs- und Zukunftsplänen auswählen sollte. Da das Thema der Studie mit der Frage nach den Auswirkungen des Lebensstandards der Familien auf die gegenwärtige und die zukünftige Lebensgestaltung der Jugendlichen eine derartige Begrenzung von vornherein ausschließt, ist der Versuch unternommen worden, solche Familien zu finden, in denen die Voraussetzungen ebenso verschieden wie auch die Neigungen und Anlagen der Jugendlichen unterschiedliche sind.

Umfassendere Studien, wie z. B. die von Schelsky geleiteten Untersuchungen[1], haben bereits früher gezeigt, daß sich weder im Begriff des „Arbeiters" noch in dem der „Jugend" einheitliche Seinsformen abgrenzen lassen. Soziale Verhaltensformen, Situationen, Spannungen und Beziehungen der „Arbeiterjugend" ergaben nach diesen Studien im Vergleich mit denen der Nicht-Arbeiter, aber auch der Erwachsenen wenig Unterschiede. So kommen Schelsky und seine Mitarbeiter zu dem Schluß: „In einer Gesellschaft, die immer schichtenunspezifischer und generationsundifferenzierter wird, verliert der Begriff ‚Arbeiterjugend' zu-

---

[1] Arbeiterjugend gestern und heute. Sozialwissenschaftliche Untersuchungen von Heinz *Kluth*, Ulrich *Lohmar*, Rudolf *Tartler*, herausgegeben und eingeführt von Helmut *Schelsky*, Heidelberg, 1955.

nehmend an Realität[2]." Schon Sombart bezeichnete den Begriff „Arbeiter" als „eines jener völlig sinnlosen Worte", bei denen sich jeder etwas anderes denken könne[3], so wie später Bednarik darauf hingewiesen hat, daß der Arbeiter nicht mehr als „zeitloses Wesensbild", sondern nur in seiner spezifischen Zeitsituation zu verstehen sei[4].

Bedenkt man zudem die gegenwärtig häufig anzutreffende Situation, daß das Familieneinkommen in Arbeiterfamilien — mindestens in denen der Facharbeiter — keineswegs geringer als in vielen Angestellten- und Beamtenfamilien ist, so wie sich auch der jugendliche Arbeiter in seiner äußeren Erscheinung nicht mehr vom jungen Angestellten, Schüler oder Studenten unterscheidet und — wie diese Studie zeigt — über meist höhere Geldbeträge als diese zur eigenen Verwendung verfügt, so wäre eine Einengung des Kreises der zu untersuchenden Familien auf die eine oder andere Gruppe trotz der geringen Anzahl, die nur befragt werden konnte, nicht zu vertreten gewesen.

Als nächste Vorfrage war zu klären, welches Alter der Jugendlichen für diese Studie von Bedeutung ist. Es muß sich um eine Altersgruppe handeln, deren zukünftiger Berufs- und Lebensweg sich bereits ungefähr abzeichnet, die aber andererseits „noch nicht fertig" ist, sich also noch im Werden und Wachsen befindet. Schelsky rechnet in der bereits erwähnten Studie die 14- bis 25jährigen, Wurzbacher[5] die 15- bis 24jährigen und Bednarik[6] die 18- bis 25jährigen zu der für solche Untersuchungen wichtigen Altersgruppe. Demgegenüber ist für diese Studie die Grenze „nicht unter 17 und nicht über 21 Jahre" gezogen worden, weil sich einerseits bei den Probebefragungen gezeigt hatte, daß jüngere Jungen und Mädchen noch nicht über ausreichend klare Vorstellungen über ihre Zukunftspläne verfügen; ältere als 21jährige dagegen befinden sich meistens schon so lange in einem bestimmten Beruf oder auf einem festen Ausbildungsweg, daß sie sich nicht mehr in dem Ausmaß wie jüngere Gedanken über ihre Zukunftspläne machen. Bei dieser Abgrenzung ist es außerdem möglich gewesen, gleichaltrige ungelernte Arbeiter, in Ausbildung befindliche und noch die Berufsschule besuchende Facharbeiter oder Facharbeiter kurz nach Abschluß der Ausbildung und Schüler in den letzten Schuljahren zu erfassen, was für Vergleiche wertvoll gewesen ist.

Von den zunächst ausgewählten 140 Fällen wurden schließlich die Ergebnisse der Untersuchungen in 101 Familien für diese Studie ausgewer-

---
[2] a. a. O., S. 11.
[3] *Sombart*, Werner: „Arbeiter" in: Handwörterbuch der Soziologie, hrsg. von A. Vierkandt, Stuttgart, 1931, S. 1.
[4] *Bednarik*, Karl: Der junge Arbeiter von heute — ein neuer Typ, Stuttgart, 1953.
[5] *Wurzbacher*, Gerhard u. Mitarbeiter: Die junge Arbeiterin, Beiträge zur Sozialkunde und Jugendarbeit, München, 1958.
[6] *Bednarik*, a. a. O.,

Der Einfluß des Lebensstandards der Familie

tet. Die anderen Fälle wurden zwar nicht wegen Antwortverweigerung ausgeschaltet — die Aussagebereitschaft war erstaunlich groß — sie kamen aber für die Auswertung nicht in Frage, weil die Jugendlichen entweder in einer ungünstigen Situation befragt werden mußten (z. B. Anwesenheit oder Hinzukommen anderer Jugendlicher oder anderer Personen, Störung oder Unterbrechung der Unterhaltung anderer Art) oder weil sie dem Gespräch nicht folgen konnten. Von den Jugendlichen standen im Alter von

	17 Jahren	19
	18 Jahren	23
	19 Jahren	27
	20 Jahren	18
	21 Jahren	14
zusammen		101 Jugendliche

Die Zusammensetzung der befragten Jugendlichen nach Ausbildung oder Beruf:

Schüler	27
Kaufmännische Lehrlinge	25
Angestellte	9
Gewerbliche Lehrlinge	11
Arbeiter und Facharbeiter	29
zusammen	101 Jugendliche

2. ... ihre Eltern ...

Bei der Auswahl der Familien wurde weiterhin die berufliche Stellung des Vaters bzw. bei Teilfamilien der Mutter berücksichtigt. Die Gliederung nach der beruflichen Stellung des Familienoberhauptes ergibt folgendes Bild:

Selbständige und freiberuflich Tätige	17
Landwirte	9
Angestellte und Beamte mit Weisungsbefugnis in der Betriebshierarchie	16
Angestellte und Beamte der mittleren und unteren Ebene	31
Arbeiter	13
Facharbeiter mit vermutlich handwerklicher Tradition	15
zusammen	101 Familien

3. ... und Erzieher

Die Befragungen der Jugendlichen und ihrer Eltern sind ergänzt worden durch mehrfache und eingehende Gespräche mit einer größeren Zahl für die Ausbildung und Erziehung verantwortlicher oder aktiv in der Jugendarbeit stehender Persönlichkeiten in den beiden Städten. Diese

Beratungen und der ständige Kontakt mit diesen Beratern waren während der Untersuchung besonders wertvoll, weil immer wieder Fragen auftauchten, die nur von Menschen geklärt werden konnten, die mit den örtlichen Verhältnissen vertraut waren.

Wie die nachfolgende Übersicht zeigt, stellten sich Menschen aus den verschiedensten Kreisen und der verschiedensten Richtungen zur Beratung zur Verfügung; es waren

> zwei Pfarrer der beiden Konfessionen,
> vier Mitarbeiter der kirchlichen Jugendarbeit,
> vier Fürsorger bzw. Fürsorgerinnen,
> ein Berufsberater,
> vier Gewerkschaftssekretäre bzw. Jugendsekretäre einer Gewerkschaft,
> ein Vorsitzender einer politischen Jugendgruppe,
> zwei Betriebsinhaber,
> drei von den betr. Betriebsleitungen mit der Ausbildung der Jugendlichen beauftragte Herren,
> sechs Direktoren von Oberschulen bzw. Oberstudienräte und Studienräte,
> ein Mitarbeiter einer Schulverwaltung,
> zwei Persönlichkeiten der kirchlichen Bildungsarbeit,
> ein Buchhändler,
> ein Kinobesitzer

Die Hauptpunkte der Untersuchung wurden mit diesen ortskundigen und in der Jugendarbeit erfahrenen Persönlichkeiten durchgesprochen, während der Untersuchung auftauchende Fragen mit ihrer Hilfe geklärt.

Um ein Bild der 101 in dieser Untersuchung behandelten Fälle zu gewinnen, waren insgesamt etwas über 300 Befragungen erforderlich, durch die jedoch das Bild des einzelnen Jugendlichen von drei Seiten ausgeleuchtet werden konnte: einmal der Jugendliche selbst, dazu sein Bild aus der Sicht seiner Eltern und seiner Erzieher bzw. Ausbilder.

4. Großstadt und Kleinstadt

Bei der Auswahl des Ortes für die Feldarbeit boten sich die beiden Möglichkeiten an, eine Stadt mit gemischter Bevölkerung, d. h. mit einer Durchschnittssituation, oder zwei völlig verschiedene Orte zu wählen. Die Entscheidung ist für zwei Städte mit ausgesprochen extremen Situationen und völlig unterschiedlicher Umwelt der Heranwachsenden gefallen, die trotz der zwangsläufig begrenzten Zahl der Untersuchungsfälle Vergleiche in gewissem Rahmen gestatten.

Der eine Ort der Feldarbeit ist eine **Industriegroßstadt im norddeutschen Raum** mit etwa einer halben Million Einwohnern, die alle Vorzüge einer Großstadt bietet. Handel und Wandel blühen; als Sitz von Banken, Versicherungen, Verwaltungsbehörden und Industrie bietet diese Stadt auch den zahlreichen Heimatvertriebenen und Flüchtlingen vielfältige Beschäftigungsmöglichkeiten. In den Betrieben der verschiedenen Industriezweige ist etwa ein Drittel der Beschäftigten tätig.

Das kulturelle Leben der Stadt ist rege, Theater und Konzerte sind für ihr Niveau bekannt. Die Zahl von Bildungs- und Ausbildungsmöglichkeiten war für diese Studie besonders wertvoll: neben den Volksschulen gibt es hier 13 Berufsschulen, 8 Mittel- und 18 Oberschulen, 4 Hochschulen und Akademien, 1 Abendgymnasium. Die Volkshochschule hat einen erheblichen Anteil jugendlicher Hörer.

Die süddeutsche Kleinstadt bietet mit ihren rund 20 000 Einwohnern ein ganz anderes Bild. Geschichtliche Vergangenheit und Gegenwart stoßen sich in diesem durch alte Bauten besonders reizvollen Ort. Die reiche Geschichte und Tradition im politischen, wirtschaftlichen und kirchlichen Leben ist heute noch der Stolz des alteingesessenen Bürgertums; Ärzte, Apotheker, Lehrer und Kaufleute bilden die Elite der Stadt. Gewiß haben Heimatvertriebene und Flüchtlinge auch hier das Bild in der Nachkriegszeit etwas verändert, doch sehen die Stadtväter — dem gehobenen Bürgertum angehörend — eine zu starke Modernisierung des Lebens nur ungern, selbst die Ansiedlung von Industriebetrieben stößt auf Schwierigkeiten und ist in den meisten Fällen, die zur Diskussion standen, verhindert worden. Daher bildet die Landwirtschaft der Umgebung die Basis des wirtschaftlichen Lebens, die Industrie spielt eine untergeordnete Rolle, wenngleich es inzwischen auch eine kleinere Zahl mittlerer Industriebetriebe gibt. Wer hier arbeitet — meist Heimatvertriebene und Flüchtlinge — gilt im Ort als mindergeachtet; andererseits ist wohl ein Teil der Betriebsinhaber auch heute noch stark von den Gedankengängen des vorigen Jahrhunderts beherrscht.

Nach dem Bericht eines unserer Mitarbeiter „zeigt sich das ‚Wirtschaftswunder' nur in folgenden Dingen:

1. im Hochhaus eines in der Nachkriegszeit hier angesiedelten Dienstleistungsunternehmens,

2. in der Motorisierung der Landwirtschaft (die Bauern kommen mit dem Traktor in die Stadt),

3. in der Modernisierung der Ladengeschäfte, Errichtung eines Warenhauses, einigen Taxen und sonstigen Kleinigkeiten..."

Auch diese Stadt verfügt über zahlreiche Bildungs- und Ausbildungsmöglichkeiten: 2 Gymnasien, 2 Fachschulen, 1 Berufsschule. Die Volkshochschule ist ausgezeichnet und wird auch hier von den Jugendlichen gern besucht. Da die Heranwachsenden der umliegenden Agrarbezirke hier ihre Ausbildung erhalten, bot sich in diesem Ort die Möglichkeit, auch vom Lande stammende Jugendliche in die Untersuchung einzubeziehen und Zugang zu ländlichen Familien zu finden.

Diese Kleinstadt ist noch aus einem weiteren Grunde für die Studie besonders interessant: auf dem geschilderten historischen und soziologischen Hintergrund haben sich klare Gruppierungen im kirchlichen wie im sozialen Raum vollzogen. Die alteingesessenen Bürgerfamilien pflegen eine starke protestantische Tradition, für sie kommt z. B. nur die im Mittelpunkt der Stadt liegende Kirche mit dem Chorgestühl der Patrizierfamilien in Betracht. „Man geht" aus Tradition zur Kirche. In der weniger bemittelten Bevölkerung hatte sich in den zwanziger Jahren eine neupietistische Richtung entwickelt, zu der seit dem letzten Krieg auch die Heimatvertriebenen und Flüchtlinge tendieren, soweit sie Protestanten sind. Auch in diesen Kreisen „geht man" in die Kirche, allerdings in eine neuere am Stadtrand. Als Gegenstück dazu ist auch das Leben in der katholischen Gemeinde rege, zumal sie als Diaspora-Gemeinde über hochqualifizierte Seelsorger und Mitarbeiter verfügt. Organisationen, wie z. B. Gewerkschaften und politische Gruppen, entwickeln hier ebenfalls eine besondere Aktivität, was nicht ausschließt, daß die Spitzen der kirchlichen, politischen und sozialen Gruppen — wie es im Verlauf dieser Untersuchung zu beobachten war — ausgezeichnet zusammenarbeiten.

Die Erwartung, hier auch bei den Jugendlichen ein stärkeres Interesse an diesen Gruppen zu finden, ist im Verlauf der Untersuchung allerdings enttäuscht worden: im Gegensatz zu den Jugendlichen in der Großstadt, die relativ häufiger und meistens aus eigener Initiative in Jugendgruppen der verschiedenen Richtungen mitarbeiten, zeigen die Heranwachsenden in der Kleinstadt eine auffallend indifferente Haltung.

Sie gehen zur Kirche, „weil es bei uns so üblich ist"; wenn sie Mitglieder einer Jugendgruppe sind, so aus Gewohnheit oder auch aus Opportunitätsgründen, ein Junge nannte als Motiv seiner Mitgliedschaft in einer kirchlichen Jugendgruppe: „wegen dem Fußball..."

Eingehende Gespräche mit den in der Jugendarbeit Stehenden haben als Erklärung dieser Beobachtung ergeben, daß sich die Jugendlichen in der Großstadt unbeeinflußt und ohne Rücksicht auf die Umwelt den verschiedenen Gruppen anschließen, während sie gerade in dieser Kleinstadt im Elternhaus und in ihrer täglichen Umgebung so stark mit entsprechenden Gedankengängen überflutet werden, daß sie gar nicht dazu kommen, eine eigene Stellung zu beziehen. Auch unter diesen Aspekten haben sich die zwei Orte der Feldarbeit als für diese Untersuchung geeignet erwiesen.

IV. Lebensstandard und Lebensführung der Familien

Vor der Darstellung der Ergebnisse erscheint es notwendig, den dieser Untersuchung zugrunde liegenden Begriff des „Lebensstandards" näher zu erläutern. Die Internationale Vereinigung für Sozialen Fortschritt war in ihrem Fragebogen von der Vorstellung ausgegangen, daß die Familien heute über größere finanzielle Möglichkeiten aus Erwerbseinkommen und gegebenenfalls Erziehungs- und Ausbildungsbeihilfen verfügen. Das wurde auch aus den zuvor analysierten Antworten der anderen Länder deutlich. Ihre Frage ging dahin, welchen Gebrauch Familien und Jugendliche von diesen Möglichkeiten machen.

Eine gewisse Ausweitung des Begriffes Lebensstandard erschien jedoch bei Beginn der Arbeiten notwendig; sie hat sich bei den Untersuchungen als gerechtfertigt erwiesen.

Lebensstandard ist nicht gleich Wohlstand; er wird nicht allein durch die zur Verfügung stehenden materiellen Güter bestimmt, er umschließt vielmehr auch die Möglichkeiten zur Befriedigung kultureller Bedürfnisse und zur Teilnahme am gesellschaftlichen und politischen Leben; d. h. in dem Sinne, in dem schon Hegel nicht nur äußere Not und Abhängigkeit der an die Arbeitsteilung und damit an die Mechanisierung gebundenen Menschen, sondern auch ihr Ausgeschlossensein von der Teilnahme an Kulturgütern, ja sogar von „religiösem Trost" als Charakteristikum des „Pöbels" aufführt.

Bereits die materielle Seite des Lebensstandards, d. h. die Quantität der zur Befriedigung als berechtigt anerkannter Bedürfnisse benötigten Güter ist etwas Relatives, ist nicht unabhängig von den Lebensgewohnheiten der Umwelt. Davon gingen schon Lohntheorien der klassischen Nationalökonomie aus. So sieht es heute auch unsere Sozialarbeit, indem sie Hilfsbedürftigkeit nicht nur bei Bezug einer Tageszeitung, sonder auch bei Vorhandensein eines Radioapparates und unter Umständen eines Kühlschrankes anerkennt.

Der Lebensstandard erschöpft sich also nicht in den Mitteln zur Beschaffung von Konsumgütern; ebenso wichtige Elemente des Lebensstandards sind die zur Heranbildung einer freien Persönlichkeit notwendigen geistigen und kulturellen Güter.

Diese Überlegungen stellten zu Beginn der Untersuchung besondere Probleme: Die Untersuchung lediglich auf Höhe und Verwendung des verbrauchsfähigen Einkommens zu beschränken, hätte der oben dargestellten Konzeption des Lebensstandards nicht entsprochen; andererseits erschien es wenig sinnvoll, bei der Untersuchung von einem so schwer abgrenzbaren, konkret kaum faßbaren Begriff auszugehen.

Ohne daß die immateriellen Faktoren übersehen wurden, befaßt sich die Studie deshalb zunächst mit der vorwiegend wirtschaftlich bedingten Lebenslage der Familien, darüber hinaus mit der familiären Situation, in der sich der Jugendliche befindet; sie sucht Anhaltspunkte dafür zu gewinnen, welchen Gebrauch die Eltern für ihre Kinder und die

Jugendlichen für sich selbst von den ihnen heute zur Verfügung stehenden Möglichkeiten machen.

Die Wirtschaft benötigt in steigendem Maße gut ausgebildete, qualifizierte Arbeitskräfte, der Staat gut unterrichtete Bürger, die Gesellschaft für das Gemeinwohl aufgeschlossene Mitglieder. Das Volkseinkommen ist ständig gestiegen; partizipieren auch die Jugendlichen daran und in welcher Art? Eine Fülle von Einrichtungen zur allgemeinen und zur beruflichen Weiterbildung, von Kommunikationsmitteln mit teilweise bildendem Gehalt bietet sich ihnen an; wissen sie davon, haben sie Interesse und vor allem: haben sie Zeit dafür? Es gibt — wenigstens in den beiden Orten der Untersuchung — Möglichkeiten aller Art zur Teilnahme am sozialen Leben als Vorbereitung auf die spätere Verantwortung der Jugendlichen in der Gesellschaft; wie verhalten sie sich? Über einzelne dieser Fragen gibt es bereits eine Reihe von Untersuchungen; jede der hier angeschnittenen Fragen wurde aber unter dem Aspekt des „Lebensstandards im weiteren Sinne" zu ergründen versucht.

1. Der Lebensstandard der Familien

Deshalb war zunächst zu klären: in welcher Richtung hat sich der Lebensstandard der untersuchten Familien tatsächlich entwickelt? Oder vielmehr: wie wird er vom Jugendlichen gewertet? Deckt sich das Urteil der Jugendlichen mit dem ihrer Eltern?

Im Gegensatz zum Fragebogen der Internationalen Vereinigung für Sozialen Fortschritt wurde nämlich nicht unterstellt, daß sich die Lebenslage unter allen Umständen und in allen Familien verbessert haben müsse. Dafür haben Zeitereignisse zu stark auf einen Teil der deutschen Familien eingewirkt, abgesehen von individuellen Schicksalen mit ne-

Tabelle 1: **Veränderungen der Lebenslage**

Die gegenwärtige Lebenslage im Vergleich zu der Zeit vor dem Krieg	Die gegenwärtige Lebenslage im Vergleich zu der Zeit vor 10 Jahren				
	unverändert	verschlechtert	verbessert	kein Urteil	zusammen
unverändert	7	—	37	1	45
verschlechtert	4	1	25	—	30
verbessert	—	—	15	—	15
Vergleich nicht möglich a)	—	—	9	1	10
zusammen	11	1	86	2	100

a) Eltern z. T. noch nicht verheiratet.

gativen Folgen. Die genauere Analyse der Lebenslage der untersuchten Familien war eine wichtige Voraussetzung für die Behandlung des Themas, obgleich sie selbstverständlich nicht zur Aussage über die allgemeine Situation „der deutschen Familien" führen kann.

Zwei Zeiträume bieten sich zum Vergleich an: die Zeit vor dem Krieg und die letzten zehn Jahre, d. h. die Zeit seit der Überwindung der unmittelbaren Kriegsfolgen. In 86 von 100 Familien hat sich die Lebenshaltung in den letzten 10 Jahren gebessert, in 11 von 100 Fällen ist sie unverändert geblieben. Aussagen über eine Verschlechterung der Lebenslage in dieser Zeit sind individuell begründet, einige Jugendliche konnten die Situation nicht beurteilen, ihre Eltern gaben auch keine brauchbare Antwort.

Zieht man den Vergleich zur Vorkriegszeit, so bietet sich ein anderes Bild: als unverändert wird die Lebenslage von 45 vH, als besser von 15 vH und als schlechter von 30 vH Jugendlichen bezeichnet. In 10 vH der Familien waren Vergleiche nicht möglich, da die Eltern z. T. noch nicht verheiratet waren und unter unvergleichbaren Verhältnissen lebten.

Daß diese Ergebnisse nicht „hochgerechnet", also verallgemeinert werden dürfen, wurde bereits gesagt. Zur Kontrolle dieser Übersicht, die vorwiegend zur Orientierung über die Entwicklungstendenzen dienen sollte, können die Ergebnisse einer ähnlichen Frage des Emnid-Instituts dienen: zur Befragungszeit, d. h. Ende 1959, bezeichneten 33 vH ihre Lebenshaltung im Vergleich zur Vorkriegszeit als etwa gleich, 42 vH als besser und 21 vH als schlechter.

Das Urteil der befragten Eltern war im allgemeinen etwas, jedoch nicht wesentlich negativer als das ihrer Kinder. Ein großer Teil der Familien mit einer hinter der Vorkriegszeit zurückbleibenden Lebenslage stammt aus den früheren deutschen Ostgebieten oder aus Mitteldeutschland, vielfach ist der Vater gefallen oder gestorben; individuelle Schicksalsschläge wie Krankheit oder geschäftliche Mißerfolge haben zudem das Bild bestimmt. Aus Kontrollfragen geht weiter hervor, daß einige dieser sich subjektiv schlechter gestellt fühlenden Familien sich noch nie so viel leisten konnten, sich vielleicht in der letzten Zeit zu viele Wünsche auf einmal erfüllen wollten und jetzt unzufrieden sind.

Als besonders charakteristisches Beispiel erscheint die Antwort des 17jährigen Werkzeugmacherlehrlings Gotthold, daß es ihnen jetzt schlechter als vor 10 Jahren gehe. Der Vater, ein 65 Jahre alter Bauer, ist seither viel krank und möchte den Hof bald übergeben. Ein Brand hat ihn 1951 wirtschaftlich zurückgeworfen, in den letzten Jahren waren Bauten und Investitionen (z. B. Fahrzeuge und landwirtschaftliche Maschinen) nötig, Anschaffungen weiterer Maschinen stehen bevor. Dennoch meint der Vater, „wir können nicht aus dem Vollen wirtschaften, aber schlecht ist es auch nicht". Da der älteste Sohn den Hof erbt, muß Gotthold, als das jüngste von 6 Kindern, ebenso wie einer seiner Brüder einen anderen Beruf ergreifen, während die drei Schwestern Landwirte geheiratet haben und auf diese Weise ebenso wie der Hoferbe im bäuerlichen Leben bleiben konnten. Gotthold sieht aber optimistisch in seine eigene Zukunft, von der er beruflichen Aufstieg erhofft.

Wie die Zahlen zeigen, ist die Lebenshaltung in den meisten Familien gestiegen, in den anderen Fällen hat sie sich zumindest nicht verschlechtert.

Tabelle 2

Beruf des Vaters	Veränderungen der Lebenslage in den letzten 10 Jahren				
	unverändert	verschlechtert	verbessert	kein Urteil	zusammen
unbekannt	—	—	3	—	3
Arbeiter	1	—	8	1	10
Facharbeiter	4	—	11	—	15
Angestellter oder Beamter der mittleren oder unteren Ebene	3	—	27	—	30
höherer Angestellter oder Beamter	1	—	15	—	16
selbständig oder freiberuflich tätig	2	—	15	—	17
Landwirt	—	1	7	1	9
zusammen	11	1	86	2	100

Zur Vervollständigung des Bildes sind diese Veränderungen, auch nach den Berufen der Väter gegliedert, untersucht worden; auch dort, wo der Vater z. B. im Krieg gefallen ist, hat seine berufliche Stellung einen gewissen Einfluß auf die Situation der Familie, sei es, daß individuelle Vorsorgemaßnahmen oder Versorgungsansprüche nach der Stabilisierung der Verhältnisse wieder einen Ausgleich bieten und, wenn auch mit einer gewissen Verzögerung, der wirtschaftlichen Entwicklung angepaßt werden; sei es, daß die Restfamilie durch andere Faktoren (z. B. Berufstätigkeit der Mutter oder ihre Wiederverheiratung) in die Lage versetzt worden ist, die Notlage der ersten Nachkriegszeit zu überwinden. Die Zahl der unvollständigen Familien ist im übrigen nicht so groß, daß sie das Bild der Entwicklung in den letzten Jahren wesentlich beeinträchtigen könnte.

Der Einfluß des Lebensstandards der Familie 55

Die Entwicklung zeigt in den einzelnen, entsprechend dem Beruf des Vaters gebildeten Gruppen ein ziemlich gleichmäßiges Bild: als unverändert wird die Lebenshaltung in 4 von 15 Facharbeiterfamilien, in 3 von 30 Familien kleinerer und mittlerer Angestellter und Beamter, bei einem von 16 höheren Angestellten oder Beamten und bei 2 von 17 Selbständigen oder freiberuflich Tätigen beurteilt: in den übrigen Familien hat sie sich durchweg verbessert.

Tabelle 3

Ungefähres monatliches Familieneinkommen in DM (Herbst 1959 netto)	Veränderungen der Lebenslage in den letzten 10 Jahren				
	unverändert	verschlechtert	verbessert	kein Urteil	zusammen
unbekannt	2	1	4	—	7
bis unter 260,—	—	—	2	—	2
260,— bis unter 390,— ..	1	—	5	—	6
390,— bis unter 600,— ..	2	—	13	—	15
600,— bis unter 1000,—	5	—	41	1	47
mehr als 1000,—	1	—	21	1	23
zusammen	11	1	86	2	100

Auch die Familieneinkommen der hier untersuchten Familien lassen verallgemeinernde Schlüsse nicht zu; sie sollen nur als Anhaltspunkte für die Beurteilung der Situation dieser Familien dienen. Hierbei zeigt sich, daß das ungefähre monatliche Familieneinkommen (netto) in mehr als der Hälfte der Familien mit unveränderter Lebenshaltung 600 DM und mehr beträgt.

Um eventuelle Zusammenhänge zwischen der Lebensgestaltung und Lebensplanung der Jugendlichen und der Wirtschaftsführung der Familien herauszufinden, wurde in den Gesprächen weiter die Frage angeschnitten, wie sich die gegenwärtige wirtschaftliche Situation im Urteil der Familienmitglieder darstellt. Diese subjektive Einschätzung der wirtschaftlichen Möglichkeiten kann unabhängig von der Einkommenshöhe einen wesentlichen Einfluß auf berufliche und Ausbildungspläne ausüben.

Im Gegensatz zu den objektiven Kriterien der Entwicklung der Lebenslage im letzten Jahrzehnt wie auch deren Beurteilung durch die Jugendlichen und ihre Eltern sind die subjektiven Urteile über die gegenwärtige wirtschaftliche Lage der Familie weniger günstig, nicht immer konnte Zufriedenheit mit dem bereits Erreichten festgestellt werden.

Tabelle 4

Subjektives Urteil über derzeitige wirtschaftliche Lage	Veränderungen der Lebenslage in den letzten 10 Jahren				
	unverändert	verschlechtert	verbessert	kein Urteil	zusammen
es geht uns gut	2	—	32	1	35
wir haben keine Sorgen	2	—	9	—	11
wir kommen aus	6	1	31	1	39
wir müssen uns einrichten	—	—	9	—	9
Eltern klagen mit Grund	—	—	3	—	3
Eltern klagen ohne Grund	—	—	2	—	2
das Geld reicht nie	1	—	2	—	3
keine Antwort	—	—	1	—	1
zusammen (einschl. Doppelantworten)	11	1	89	2	103

Allerdings wird die Situation im größten Teil der Familien als gut, sorgenfrei und auskömmlich angesehen, doch wurden auch solche Familien angetroffen, in denen die finanziellen Möglichkeiten trotz einer Verbesserung ihrer Lage als nicht ausreichend erscheinen; einige Jugendliche verbanden mit diesem Urteil eine gewisse Kritik an der Einstellung ihrer Eltern.

Tabelle 5

Beruf des Vaters	Lebenslage im Vergleich zur Vorkriegszeit				
	unverändert	heute schlechter	heute besser	kein Vergleich möglich	zusammen
unbekannt	2	—	1	—	3
Arbeiter	6	2	1	2	11
Facharbeiter	6	4	4	2	16
kl. Angestellter oder Beamter	16	9	3	2	30
höherer Angestellter od. Beamter	5	7	3	1	16
Selbst. u. freiberufstät.	7	6	2	2	17
Landwirt	3	2	1	1	7
zusammen	45	30	15	10	100

Auf die größeren Unterschiede zwischen der Lebenslage der Gegenwart und den Verhältnissen der Vorkriegszeit wurde bereits hingewiesen; in etwa einem Drittel der Familien ist der Vorkriegsstand trotz der günstigen Entwicklung des letzten Jahrzehntes noch nicht wieder erreicht worden.

Auch in diesem Zusammenhang scheint die berufliche Stellung des Vaters jedoch keinen wesentlichen Einfluß ausgeübt zu haben, denn die wirtschaftlichen Verbesserungen und Verschlechterungen im längerfristigen Vergleich sind ebenso wie gleichgebliebene Verhältnisse in allen Berufsgruppen zu beobachten.

Tabelle 6

Familiensituation	Lebenslage im Vergleich zur Vorkriegszeit				
	unverändert	heute schlechter	heute besser	kein Vergleich möglich	zusammen
Vater gestorben	6	7	2	—	15
Mutter gestorben	3	—	—	—	3
Eltern leben	36	23	13	10	82
zusammen	45	30	15	10	100

Deshalb wurde für diesen Vergleich auch die familiäre Situation untersucht: in 7 von 30 Familien, denen es gegenwärtig schlechter als vor dem Kriege geht, ist der Vater gefallen oder gestorben; 6 von 45 Familien mit gleichgebliebener Lebenslage sind vaterlos. Insgesamt haben 15 der Jugendlichen dieser Studie ihren Vater und 3 die Mutter verloren; einige haben einen zweiten Vater oder eine zweite Mutter.

Besonders auffallend erscheint die Feststellung, daß einige der vaterlosen Jugendlichen berichteten, die Lebenslage sei gegenwärtig besser als vor dem Kriege. Da diese Angaben wenig glaubwürdig erschienen, wurden diese Fälle besonders gründlich untersucht. Zwei dieser Fälle sollen zur Erklärung angeführt werden:

Bei den beiden Jugendlichen handelt es sich um den 17jährigen Anlernling Günther und den 20jährigen Facharbeiter Joachim.

Günthers Vater, Tischler von Beruf, ist gefallen; die Mutter war früher Stickerin, sie arbeitet heute als Haushaltshilfe, die ältere Schwester als Verkäuferin. Das Familieneinkommen liegt bei 600 DM, Günther bringt davon 200 DM nach Hause, die Mutter gibt ihm wöchentlich 15 DM

Taschengeld, spart aber vom Rest regelmäßig einen festen Betrag für ihn. Günther will noch die Fachschule besuchen und mindestens Facharbeiter werden. Zur Berufstradition der Familie steht er negativ: „Der Vater war Tischler, der Großvater Drechsler, aber in der Holzbearbeitung ist ja kaum etwas zu machen".

Die Familie hat ihr Auskommen und lebt besser als vor 10 Jahren, sie lebt auch besser als vor dem Krieg, vor allem verspricht sie sich von der Zukunft sehr viel. Günther pflegt in der Freizeit politische und musische Interessen, gehört einer gewerkschaftlichen Jugendgruppe an, hat bereits einen sechswöchentlichen Volkshochschulkurs (Internat) hinter sich, wird demnächst einen Aufbaukursus besuchen, hofft dann auf eine Akademie zu kommen und später Gewerkschaftssekretär zu werden.

Joachim, der Facharbeiter, hat seinen Vater zu Beginn des Krieges verloren; seine Mutter arbeitet in einem Werk der elektrotechnischen Industrie, die Schwester ist Verkäuferin. Der Großvater — Joachim wohnt wegen der Raumknappheit der Mutter bei seinen Großeltern — ist Elektroobermonteur; die Großeltern haben eine schöne Eigentumswohnung.

Jochim hat einen Wagen und ist begeistertes Mitglied eines Automobilclubs; außerdem arbeitet er in der Jugendgruppe einer Partei aktiv mit. Früher war er in einem Sportclub, wozu ihm jetzt jedoch die Zeit fehlt. Er tut viel für seine Fortbildung, denn er möchte im Beruf weiterkommen und von seiner Firma später ins Ausland geschickt werden.

In beiden Fällen beruht die relativ günstige Situation dieser unvollständigen Familien auf Fleiß und Tüchtigkeit ihrer Mitglieder und veranlaßt sie, mit Optimismus in die Zukunft zu sehen.

Ergänzend ist hinzuzufügen, daß das Familieneinkommen bei mehr als drei Viertel der Familien mit einer gegenüber der Vorkriegszeit gleichgebliebenen Lebenslage über 600 DM im Monat liegt; mehr als die Hälfte der Familien mit angeblich verschlechterter Lebenslage haben über 600 DM im Monat zur Verfügung.

Zusammenfassend ist daher zu sagen, daß sich die wirtschaftlichen Verhältnisse im größten Teil der untersuchten Familien gegenüber der Vorkriegszeit zumindest nicht verschlechtert haben. Der Vergleich mit der Zeit vor 10 Jahren vor allem gestattet, im folgenden vom allgemein gestiegenen Lebensstandard auszugehen.

2. Lebensführung der Familien

Die Frage, wie sich das Leben der Familie in der im vorstehenden Abschnitt geschilderten Lebenslage, vor allem im Hinblick auf die Lebensführung und die Zukunft ihrer heranwachsenden Kinder, gestaltet, ist unter verschiedenen Aspekten wichtig.

a) Das Konsumverhalten

Wirtschaftliches Verhalten wie die Richtung der Interessen stehen an erster Stelle dieser Gesichtspunkte. Deshalb wurde in den Gesprächen mit den Jugendlichen und ihren Eltern zunächst geklärt, welche Anschaffungen die Familien im normalen Rahmen oder in größerem Umfang in den letzten Jahren vorgenommen hatten und wie man diese Anschaffungen zu finanzieren pflegt.

T a b e l l e 7: **Konsumverhalten der Familien im Vergleich zur Entwicklung ihres Lebensstandards in den letzten 10 Jahren**

Umfang der Anschaffungen	Lebensstandard				
	unverändert	heute schlechter	heute besser	kein Urteil	zusammen
im normalen Rahmen ..	6	—	30	2	38
große Anschaffungen ...	3	1	54	—	58
keine Anschaffungen ...	2	—	2	—	4
zusammen	11	1	86	2	100

Es zeigte sich als schwierig, einen Maßstab für „Anschaffungen im normalen Rahmen" und darüber hinausgehende Anschaffungen zu finden; um jedoch zu einer möglichst sinnvollen Abgrenzung zu kommen, wurde nach besonderen Aufwendungen für die Wohnung und die Wohnungseinrichtung sowie nach dem Kauf von dauerhaften Verbrauchsgütern wie z. B. Radioapparat, Musiktruhe, Fernsehapparat, Kühlschrank, Waschmaschine, Nähmaschine u. dgl. gefragt. Unter Anschaffungen im normalen Rahmen werden solche bis zu drei der aufgeführten dauerhaften Verbrauchsgüter verstanden. Die Zahlen der vorstehenden Tabelle geben einen allgemeinen Überblick über das Ausmaß dieser Anschaffungen in den untersuchten Familien. Ein reichliches Drittel dieser Familien machte bevorzugt Aufwendungen für die Wohnung oder für eine begrenzte Zahl wertvoller Gegenstände; nur 4 von 100 Familien wendete nichts für derartige Wünsche auf. In den übrigen Familien, mehr als der Hälfte, überschritten die Anschaffungen diesen Rahmen.

Die detaillierten Zahlen zeigen das erfreuliche Bild, daß die Wohnung und Einrichtung der Wohnung — allein, vorzugsweise oder zusammen mit anderen größeren Anschaffungen — von mehr als der Hälfte

Tabelle 8: **Art der Anschaffungen der Familien im Vergleich zur Entwicklung ihres Lebensstandards in den letzten 10 Jahren**

Art der Anschaffungen	Entwicklung des Lebensstandards				
	unverändert	heute schlechter	heute besser	kein Urteil	zusammen
bis zu drei großen Gegenständen	6	—	27	2	35
mehr als drei große Gegenstände	1	1	3	—	5
Wohnung u. Wohnungseinrichtung	—	—	3	—	3
Wohnung, Einrichtung u. bis zu drei großen Gegenständen	2	—	42	—	44
Wohnung, Einrichtung u. mehr als drei große Gegenstände	—	—	9	—	9
keine Anschaffungen	2	—	2	—	4
zusammen	11	1	86	2	100

(56 von 100) unter den Wünschen, die die Familien sich erfüllten, genannt wurde. Dieses Ergebnis zeigt, — ebenso in der Großstadt wie in der Kleinstadt —, daß die in die Untersuchung einbezogenen Familien an der familiengerechten, freundlichen Ausstattung des Heimes Interesse haben.

Tabelle 9a: **Finanzierung der Anschaffungen im Vergleich zur Entwicklung des Lebensstandards der Familien in den letzten 10 Jahren**

Lebensstandard	Barzahlung	Kreditkäufe	Keine Anschaffungen	zusammen
unverändert	6	3	2	11
heute besser	67	17	2	86
heute schlechter	—	1	—	1
kein Urteil	1	1	—	2
zusammen	74	22	4	100

Auch die Finanzierung dieser Anschaffungen wirft ein günstiges Bild auf das wirtschaftliche Verhalten dieser Familien. Drei Viertel zahlten ihre Einkäufe bar oder ganz kurzfristig, ein knappes Viertel kaufte aus-

Tabelle 9b: **Finanzierung der Anschaffungen im Vergleich zur Beurteilung der gegenwärtigen Lage der Familie**

Lage der Familie	Barzahlung	Kreditkäufe	Keine Anschaffungen	zusammen
es geht uns gut	25	9	1	35
wir haben keine Sorgen	8	1	1	10
wir kommen aus	29	9	1	39
wir müssen uns einrichten				
Eltern klagen mit Grund	8	1	1	10
Eltern klagen ohne Grund, das Geld reicht nie	3	1	—	4
kein Urteil	1	1	—	2
zusammen	74	22	4	100

schließlich oder einen Teil der Gegenstände auf Kredit; von dieser Gruppe kauft wiederum die Hälfte alles, die andere Hälfte einen Teil und zwar die kostspieligeren Gegenstände auf Abzahlung, während kleinere Anschaffungen bar gezahlt werden.

Kreditkäufe können darauf beruhen, daß die Anschaffungen auf andere Weise nicht aus dem Einkommen zu bestreiten sind oder daß die Familien ihr Einkommen nicht anders einteilen können. Sie können andererseits das Empfinden einer wirtschaftlich beengten Lage hervorrufen. Deshalb wurden die Barkäufe und Kreditkäufe der Familien zu der Beurteilung ihrer gegenwärtigen wirtschaftlichen Lage in Beziehung gesetzt. Hierbei hat sich ergeben, daß die Familien, die glauben, sich finanziell einrichten zu müssen, in relativ noch größerem Umfang als die anderen ihre Anschaffungen bar bezahlen, also vorsichtig wirtschaften. Diese Beobachtung steht auch im Einklang mit der relativ großen Spareigung — allerdings vorzugsweise Zwecksparen — der in dieser Studie erfaßten Familien und Jugendlichen in der Großstadt und in der Kleinstadt, auf die später noch eingegangen wird.

Die Anschaffungspläne der Familien runden das Bild ihres Konsumverhaltens ab. Ein knappes Drittel hatte zur Zeit der Befragung keine konkreten Pläne dieser Art, was nicht bedeuten soll, daß man sich nicht spontan zum Kauf eines solchen Gegenstandes entschließt. Dort, wo Anschaffungspläne bestehen, soll vorwiegend gegen Barzahlung gekauft werden, man spart auch zum Teil bereits dafür.

Im Gegensatz zu den Anschaffungen der letzten Jahre richten die Pläne sich jedoch stärker auf technische Geräte, Haushaltsmaschinen und ähnliche Apparate als auf die Wohnung. Die Gründe mögen darin liegen, daß die derzeitige Wohnung weiteren Einrichtungswünschen keinen

Tabelle 10: **Anschaffungspläne der Familien**

Art der Pläne	Keine	Bar-zahlung	Kreditkäufe ausschl.	Kreditkäufe teilw.	zusammen
keine	32	—	—	—	32
Wohnung und/oder Wohnungseinrichtung	—	6	2	—	8
bis zu zwei größeren Gegenständen	—	37	3	3	43
mehr als zwei größere Gegenstände	—	2	2	—	4
Wohnung, Einrichtung u. bis zu zwei größeren Gegenständen	—	10	1	—	11
Wohnung, Einrichtung u. mehr als zwei größere Gegenstände	—	2	—	—	2
zusammen	32	57	8	3	100

Raum läßt und daß größere Wohnungen schwer erhältlich sind. Außerdem handelt es sich beim Elternhaus eines Heranwachsenden um einen älteren Haushalt, dessen Ausstattung dann, wenn ein bestimmter Stand der Einrichtung erreicht ist, für gewöhnlich beibehalten wird.

b) Die Häuslichkeit

In diesem Zusammenhang erscheint die Frage wichtig, in welchem Maß die nach dem Konsumverhalten der Familien, vor allem nach ihren Anschaffungen offensichtlich gestiegene und steigende Lebenshaltung dem Jugendlichen ein Zuhause bietet, in dem er einen Raum für sich hat oder wo zumindest die räumlichen Voraussetzungen für die Pflege besonderer Interessen und die Ruhe zur Anfertigung von Hausarbeiten für Schule und Berufsschule geboten werden.

Bis auf Ausnahmen wohnen die in dieser Studie erfaßten Jugendlichen bei ihren Eltern oder, wo es sich um unvollständige Familien handelt, bei Mutter oder Vater (94 vH); 2 vH wohnen bei Verwandten, 4 vH allein in Untermiete oder in einem Jugendwohnheim. Abgesehen von einigen Jugendlichen, die mit der Mutter zusammen in Untermiete wohnen, haben die Familien der übrigen Jungen und Mädchen eine Wohnung oder ein Eigenheim für sich. Angesichts der vor allem in der Großstadt noch erheblichen Wohnungsnot überrascht die Feststellung, daß mehr als die Hälfte der im Elternhaus lebenden Heranwachsenden über ein Zimmer verfügt, das sie entweder ganz für sich haben oder das ihnen tagsüber bzw. in ihrer Freizeit für Hausarbeiten, für die Pflege besonderer Interessen wie Basteln usw. ausschließlich zur Verfügung steht. Keinen Raum für sich hat jeder dritte Jugendliche, jeder sechste teilt einen Raum mit Geschwistern oder anderen Familienangehörigen, hat hier aber einen eigenen Platz zum Arbeiten und für seine persönlichen Dinge.

Bedingt durch die vielfach ländliche Wohnweise hat fast die Hälfte der Kleinstadtfamilien dieser Untersuchung ein mehr oder weniger komfortables Eigenheim, in dem die heranwachsenden Kinder einen Raum für sich bewohnen; in der Großstadt ist der Anteil der im eigenen Hause wohnenden Familien naturgemäß gering; wo diese Voraussetzung jedoch gegeben ist, verfügen die Jugendlichen auch hier zum großen Teil über das eigene Zimmer oder teilen es nur mit einem Bruder oder einer Schwester. Wo die Familie dagegen in kleineren Mietwohnungen (ein bis zwei Zimmer) lebt, wurde nur selten das eigene Zimmer oder der eigene Platz der Jugendlichen festgestellt, dagegen zeigt sich bereits dort das Bestreben, dem Heranwachsenden ein eigenes Zimmer einzuräumen, wo nicht zu große Familien über Wohnungen von drei oder vier Zimmern verfügen; dies konnte vor allem in den Großstadtfamilien mit modernerer Wohngebräuchen beobachtet werden. In der Kleinstadt dagegen steht die traditionelle Aufteilung der Räume einer derartigen, den Bedürfnissen des Heranwachsenden entsprechenden Gestaltung des Zuhauses stärker im Wege. Andererseits haben die Jugendlichen in der Großstadt auch häufiger und dringender den Wunsch nach dem eigenen Raum ausgesprochen.

Diese Frage ist in der Untersuchung deshalb besonders berücksichtigt worden, weil der eigene Raum oder der dem Jugendlichen zugestandene eigene Platz in einem Raum die Voraussetzung dafür ist, daß er sich mit Dingen beschäftigt, die seiner allgemeinen oder beruflichen Fortbildung dienen.

c) *Einkommensverhältnisse*

Es ist nicht das Ziel dieser Untersuchung und es wäre auch nicht möglich gewesen, generelle Aussagen über die allgemeine Einkommenssituation der Familien zu machen. Die finanzielle Lage der Familie ist aber insofern für diese Studie wichtig, als sie mehr oder weniger den Hintergrund für Ausbildung sowie berufliche und andere Pläne der Jugendlichen bildet bzw. den Wünschen dieser Art Grenzen setzt. Das ungefähre Nettoeinkommen der Familien ist in solchen Gruppen ermittelt, wie sie auch von den Verbraucherumfragen des Emnid-Instituts während des Untersuchungszeitraumes verwendet wurden, um Anhaltspunkte für eine normale oder außergewöhnliche Einkommenssituation der Familie zu gewinnen[7].

---

[7] Emnid-Informationen Nr. 43/1959.

In acht Familien waren keine Angaben über das Gesamteinkommen zu erhalten; die Monatseinkommen der übrigen Familien verteilen sich wie folgt:

Tabelle 11

Einkommenshöhe in DM	Familien				
	Insges.	davon mit Einkommensbeziehern			
		1	2	3	4 u. mehr
Bis unter 260	2	1	1	—	—
260 bis unter 390	6	2	2	2	—
390 bis unter 600	15	6	4	5	—
600 bis unter 1000	47	15	12	16	4
1000 und mehr	23	11	5	4	3
zusammen	93	35	24	27	7

Nach dieser Übersicht entspricht die Zusammensetzung der untersuchten Familien dem Bild, das Analysen der Familieneinkommen im allgemeinen zu geben pflegen, d. h., daß höhere Familieneinkommen in den meisten Fällen durch das Zusammenfließen mehrerer Einkommen in einem Haushalt entstehen; die hier angetroffenen Familien bleiben demnach auch hinsichtlich ihrer Einkommenssituation im normalen Rahmen. Andererseits wird die relativ günstig erscheinende wirtschaftliche Lage durch einen Überblick über die Zahl der Familienmitglieder, die von diesen Beträgen leben müssen, etwas korrigiert:

Tabelle 12

Einkommenshöhe in DM	Familien				
	Insges.	davon mit ... Personen			
		1	2	3	4	5 u. mehr
Bis unter 260	2	—	2	—	—	—
260 bis unter 390	6	—	2	1	1	2
390 bis unter 600	15	—	2	7	6	—
600 bis unter 1000	47	—	—	15	16	16
1000 und mehr	23	—	—	4	7	12
zusammen	93	—	6	27	30	30
Nach Emnid-Umfrage notw. Monatseinkommen für Familien mit d. entsprechenden Personenzahl DM	.	296	422	493	543	617

Zum Vergleich sind in der letzten Zeile die Beträge aufgeführt, die nach der Verbraucherumfrage für eine Familie dieser Größe im September 1959 als notwendig erachtet wurden, um die erforderlichen Ausgaben decken zu können. Einige der Zweipersonenhaushalte und einige der größeren Familien dieser Studie verfügen nicht über ein nach Emnid ausreichendes Einkommen; es handelt sich hierbei fast ausschließlich um unvollständige Familien, d. h. Mutter und heranwachsende Kinder, in einem Fall um Großmutter und Enkelin.

V. Geld in Händen der Heranwachsenden

1. Einkommen und Taschengeld

Ebenso unterschiedlich wie die Familieneinkommen sind die Beträge, die die Jugendlichen verdienen und selbst zur Verfügung haben. Die Schüler erhalten durchweg Taschengeld von ihren Eltern, dagegen haben die 73 in einer Lehre oder bereits im Beruf stehenden Heranwachsenden eigene Einkommen. Je nach dem Beruf bzw. der Lehre und dem Lehrjahr sind auch diese Einkommen sehr verschieden; sie bewegen sich bei Lehrlingen zwischen 51 und 150 DM im Monat, bei den Berufstätigen dagegen sind die niedrigsten Einkommen reichlich 150 DM, bei einigen liegen sie bereits über 450 DM. So verdienen junge Facharbeiter bis auf Ausnahmefälle mehr als 250 DM, einige aber mehr als 450 DM im Monat, während die Arbeitseinkommen der jungen Angestellten im allgemeinen unter denen der angelernten Arbeiter bleiben.

Tabelle 13

Eigenes Einkommen der Jugendlichen monatlich in DM (netto)	Lehrlinge	Berufstätige
51 bis unter 100	16	—
101 bis unter 150	19	—
151 bis unter 250	1	15
251 bis unter 350	—	17
350 bis unter 450	—	4
450 und mehr	—	2

Fast ein Drittel der Jugendlichen — vor allem Lehrlinge — gibt von diesem Einkommen zu Hause nichts ab; doch wurden auch mehrere Facharbeiter angetroffen, die ihr gesamtes Einkommen für sich selbst verwenden; nur wenige zahlen mehr als 100 DM Kostgeld an die Familie.

Auffallend erscheint, daß kaufmännische Lehrlinge meist kein Kostgeld abgeben, junge Angestellte jedoch relativ häufiger als junge Arbeiter und mit größeren Beträgen an den Ausgaben des Familienhaushaltes beteiligt werden.

Tabelle 14

Höhe des monatlichen Kostgeldes in DM	Lehrlinge	Berufstätige
nichts	22	8
bis 30 DM	4	1
31 bis unter 60 DM	5	7
61 bis unter 100 DM	5	12
mehr als 100 DM	—	10

Aus der Differenz zwischen den eigenen Einkommen und dem abzuliefernden Kostgeld ist mit jedem der Jugendlichen das ihm zur eigenen Verfügung verbleibende Geld errechnet bzw. bei Schülern das ihnen von den Eltern gewährte Taschengeld erfragt worden. Hierbei zeigen sich wesentliche Unterschiede zwischen den einzelnen Kategorien der Heranwachsenden.

Der größte Teil unserer Schüler bekommt ein Taschengeld bis zu 20 DM im Monat (22 von 27 Schülern), einige zwischen 20 und 50 DM (4), und einer erhält je nach Bedarf und Gelegenheit größere und kleinere Beträge.

Die Hälfte unserer gewerblichen Lehrlinge bleibt mit dem frei verfügbaren Betrag ebenfalls unter 50 DM, bei den anderen liegen die ihnen nach Ablieferung eines evtl. an die Eltern zu zahlenden Kostgeldes verbleibenden Beträge zwischen 50 und 150 DM.

Mehr haben die kaufmännischen Lehrlinge: zwei Drittel von ihnen können über Beträge von 100 bis 150 DM verfügen, ein Drittel hat etwas weniger; es wurde bereits darauf hingewiesen, daß die meisten kaufmännischen Lehrlinge kein Kostgeld abliefern.

Demgegenüber können fast zwei Drittel der jungen Arbeiter mehr als 100 DM, über die Hälfte mehr als 150 DM und eine nicht geringe Anzahl sogar mehr als 250 DM im Monat für sich ausgeben. Die jungen Facharbeiter haben bis auf einige Ausnahmen mehr als 150 DM.

Insgesamt ergibt sich daraus: etwa die Hälfte der in der Studie erfaßten Heranwachsenden hat mehr als 100 DM im Monat für den eigenen Bedarf zur Verfügung; sie wohnen bis auf Ausnahmen im Elternhaus und werden dort auch verpflegt — ein evtl. abzulieferndes Kostgeld ist schon vorher abgezogen worden. So ist festzustellen, daß ein großer Teil dieser Jugendlichen, abgesehen von den Schülern, über eine relativ große finanzielle Bewegungsfreiheit verfügt.

2. Einteilung des Geldes

Rund die Hälfte der befragten Jugendlichen bestimmt selbständig, wie ihr Geld — in diesen Fällen meist das Arbeitseinkommen — einzuteilen ist. Man gibt der Mutter auf Wunsch oder freiwillig etwas — wie schon gezeigt wurde, meist ein recht niedriges — Kostgeld, man gibt ihr auch einen weiteren Betrag, den sie für den Sohn oder die Tochter sparen soll. In vaterlosen Familien bekommt die Mutter häufig die Rente, und die Kinder behalten die Lehrlingsvergütung für sich.

Dort, wo das Taschengeld zugeteilt oder das Arbeitseinkommen eingeteilt wird, ist es auffallend oft die Mutter, die diese Dispositionen trifft: in 23 vH der Fälle; der Vater allein dagegen verfügt nur in 16 vH, beide Eltern gemeinsam oder „wie es sich ergibt" in 9 vH der Fälle. In der Kleinstadt ist die Rolle der Mutter noch stärker sichtbar als in der Großstadt.

Die Jugendlichen, die höhere Beträge — meist ab 100 DM — selbständig verwalten, haben allerdings gelegentlich gewisse Auflagen seitens der Eltern in Kauf zu nehmen; so müssen sie häufig ihr Fahrgeld oder das Benzin für das Moped, in einigen Fällen auch Kleidung oder Fortbildungskurse davon bezahlen. In vielen Fällen machen die Eltern jedoch nicht solche Auflagen, allenfalls sollen diese Taschengelder zur Erfüllung der vielfältigen kleinen Wünsche dienen, dies vor allem bei Schülern mit kleinem Taschengeld.

Insgesamt wurde aber festgestellt, daß unsere Jugendlichen — abgesehen von den knapp gehaltenen älteren Schülern — relativ viel Geld zur Verfügung haben und sich früh daran gewöhnen, über diese Beträge nach eigenem Gutdünken zu verfügen. Damit haben die Erfahrungen dieser Studie die zu Beginn aus dem Bericht der Schweiz zitierte Aussage bestätigt, wo die Besorgnis darüber anklingt, daß sich diese Gewöhnung ungünstig für das spätere Verantwortungsbewußtsein des jungen Menschen, vor allem in der Ehe, auswirken könnte. Ein weiteres Bedenken gegen eine zu großzügige Ausstattung der Jugendlichen mit Taschengeld ist in der Beobachtung begründet, die uns auch von Pädagogen bestätigt wurde, daß der Heranwachsende dadurch zu Anschaffungen veranlaßt wird, die nachher einen laufenden Aufwand erfordern und ihm damit doch auf die Dauer auch ein reichliches Taschengeld übersteigende finanzielle Belastungen bedeuten. Das kann zu Unzufriedenheit trotz reichlicher eigener Mittel führen. Andererseits stehen die weniger gut gestellten Kameraden abseits. Die Heranwachsenden sehen, daß sie nicht danach gewertet werden, was sie leisten, sondern was sie sich leisten können, so möchte jeder von ihnen diesen Standard erreichen oder aufrechterhalten und gerät in Versuchung, dieses Ziel gegebenenfalls auf unrechtem Wege anzustreben.

Unter diesem Gesichtspunkt ist auch die Beobachtung bedenklich, daß Eltern mit sehr guten Einkommen ihre älteren Kinder gelegentlich sehr knapp halten. Nur selten wurden in dieser Studie Fälle angetroffen, in denen die Eltern die rechte Mitte zwischen den beiden Extremen der übertriebenen Großzügigkeit oder Strenge zu halten wissen; beide extremen Situationen aber können für die Einstellung der Jugendlichen zu Geld und zu Einkommen in der Zukunft gefährlich sein.

3. Verwendung des Geldes

Planlos wirtschaftet eigentlich ein geringer Teil, etwa jeder Sechste von ihnen; jeder Fünfte „spart" irgendwie, mal mehr, mal weniger. In der Kleinstadt fangen die Jungen schon sehr früh mit Bausparen an, die Mädchen sparen hier auf die Aussteuer, die in ihrer Vorstellungswelt eine besondere Rolle spielt. In der Großstadt spart man häufiger für eine weitere Berufsausbildung, auch für das Studium, das nach beendeter Lehre begonnen werden soll. „Etwas sparen und sich daneben andere Wünsche erfüllen", das ist die Antwort, der man sinngemäß am häufigsten begegnet (36 von 100). Aber ebenso wie bei den Eltern spielen Anschaffungen auch bei den Jugendlichen eine große Rolle, und zwar in Verbindung mit anderen Verwendungsarten bei jedem Dritten.

Erfreulich oft taucht auch der Sport als wichtigster oder wichtiger Verwendungszweck des eigenen Geldes auf (Sport allein 16mal, in Verbindung mit anderen Verwendungszwecken 31mal).

Unter den Arten der Freizeitverwendung, für die man sein Geld ausgibt, sind „kulturelle Wünsche im weitesten Sinn", d. h. Unterhaltung und Allgemeinbildung, ausschließlich 23mal, in Verbindung mit anderen Vorhaben 51mal genannt, zusammen sind das gerade drei Viertel unserer Jugendlichen, die einen Teil ihres Geldes dafür ausgeben. Doch darf diese Bezeichnung nicht irreführen: Neben Theater und Konzert sowie Volkshochschulkursen — die gern besucht werden — sind auch die Kinobesuche in diesem Posten enthalten, ebenso die Bücher, die man sich meist über einen Lesering oder als pocket-book beschafft.

Hobbies aller Art pflegt die Hälfte der jungen Leute ausschließlich oder neben anderen Interessen vom Taschengeld zu finanzieren.

In diesem Zusammenhang interessiert am meisten, daß bei den aus eigenem Geld finanzierten Freizeitvorhaben Fortbildungskurse ausschließlich oder zusammen mit allgemeinbildenden Veranstaltungen bei mehr als einem Viertel unserer Jungen und Mädchen eine Rolle spielen.

4. Einkommen und Auskommen

Um ein Bild von der Fähigkeit der Geldeinteilung zu erhalten, muß man zuerst wissen, wie knapp es ist oder wie weit aus dem Vollen gewirtschaftet werden kann. Deshalb betrachtet man diese Frage am besten unter dem Gesichtspunkt, wie die Familie mit ihrem Gelde auskommt. Die Angaben von Jugendlichen und Eltern über diesen Punkt decken sich bis auf geringe Abweichungen; das Ergebnis lautet: fast die Hälfte, genau 46 von 100 Familien, kommt nach dem Urteil der Jugendlichen und der Eltern gut aus, „es geht uns gut, wir haben keine Sorgen". 38 bezeichneten die Situation als auskömmlich, man hat auch „keine direkten finanziellen Sorgen, man kommt aus". Knapp geht es in 12 von 100 dieser Familien zu, man muß sich sehr einrichten, man kann sich nichts leisten, nach dem Urteil der Jugendlichen sind die Klagen der Eltern begründet. Aber in drei Fällen meinten die jungen Leute: „die Eltern klagen ohne Grund, wir haben keine Sorgen, es geht uns gut, nur man kommt zu Hause nie mit dem Geld aus, es reicht nie".

Wie wirtschaften nun die jungen Leute dieser Familien mit ihrem Geld?

— rund ein Viertel (26 vH) weiß es eigentlich nicht zu sagen. Man hat keine Übersicht; wenn das Geld ausgegeben ist, so ist es zu Ende; diese Jugendlichen wirtschaften also planlos;

— bei der Hälfte (51 vH) reicht das eigene Geld,

— es reicht bei einem knappen Viertel gerade, man kommt hin (21 vH),

— und nur bei dreien will es nicht reichen; diese jungen Leute kommen aus Familien, denen es nach ihrem eigenen Urteil gut bzw. auskömmlich geht, einer hatte die grundlosen Klagen seiner Eltern über das Geld sogar kritisiert — vielleicht hat er zu Hause nie gelernt, wirtschaftlich zu denken?

Die Jugendlichen dagegen, die im Bewußtsein einer finanziell beschränkten Situation ihrer Eltern leben, kommen ausnahmslos gut mit ihrem Taschengeld aus, obgleich dieses gerade nicht sehr groß ist.

Bei aller Vorsicht hinsichtlich allgemeiner Schlußfolgerungen scheinen hier doch Beispiele vorzuliegen, wie das Vorbild der Eltern im positiven wie im negativen Sinne wirkt.

Wo die Jungen und Mädchen sehen, daß zu Hause aus dem Vollen gewirtschaftet wird, besteht ja keine Notwendigkeit, vorsichtig mit dem Geld umzugehen, man wird schon etwas dazu bekommen. Können die Eltern das Geld nicht einteilen, hört der junge Mensch die entsprechenden Unterhaltungen zu Hause, so gewöhnt er sich daran als an einen natürlichen Zustand — er wird nie zufrieden sein und immer im Leben eine Mark mehr ausgeben als er hat. Dort aber, wo man sich einrichten muß, dort lernt auch der Heranwachsende, seine Wünsche nach den vorhandenen Möglichkeiten einzurichten.

Mit einigen von einander abweichenden Fragen wurde schließlich eine Rangliste der Dringlichkeit vorhandener, wenn auch derzeit unerfüllbarer Wünsche aufzustellen versucht; (die Jugendlichen wurden gefragt, was sie mit einem unverhofften Gewinn oder mit einer plötzlichen, unerwarteten Einkommenssteigerung machen würden).

Im Gegensatz zu den meisten anderen Punkten zeigt sich hierbei ein erheblicher Unterschied zwischen der Groß- und der Kleinstadt. In der Kleinstadt steht auf der Liste von 9 Punkten das

Sparen an	1. Stelle
großartig mit Freunden ausgehen an	2. Stelle
Eltern und Freunden eine Freude bereiten an	3. Stelle
Kleidung kaufen an	4. Stelle
etwas für die Fortbildung tun an	5. Stelle

Danach kommen dann Reisen, Anschaffungen u. a. m.

Anders ist das Bild in der Großstadt: hier steht ebenfalls
an 1. Stelle Sparen, dann kommt aber
an 2. Stelle Möbel und ähnliche Dinge kaufen,
an 3. und 4. Stelle mit gleicher Antwortzahl folgen Fortbildung und Kleidung.

Wenngleich das Sparen der Jugendlichen zum Teil auch ein Zwecksparen ist, d. h. größeren Anschaffungen, aber auch dem Bausparen oder einer Aussteuer dient, *so kann man doch die Beobachtung, daß Sparen und Fortbildung an erster bzw. an mittlerer Stelle dieser Rangliste der Dringlichkeit der Wünsche stehen, als erfreuliches Zeichen dafür werten, daß die Jugendlichen sich durchaus auf familiäre und berufliche Zukunftspläne einrichten.*

VI. Die Wahl von Ausbildung und Beruf

1. Bestimmungsgründe der Berufswahl

Der wichtigste Faktor für die Zukunftsplanung der Heranwachsenden ist ihre Vorbereitung auf das Leben in der Arbeitswelt. Zunächst bedeutete es eine Enttäuschung, bei der Untersuchung unter den Oberschülern und -schülerinnen in Großstadt und Kleinstadt kein Arbeiterkind zu finden, zumal die wirtschaftlichen Verhältnisse mehrerer dieser Familien den Schulbesuch durchaus ermöglicht hätten; in der Großstadt sind zudem Schulbesuch und Lehrmittel frei.

Mehr als ein Drittel der Facharbeiterväter läßt die Kinder eine Lehre durchmachen, einige dieser Kinder sind schon selbst ausgelernte Facharbeiter.

Ein Fünftel der Angestellten und Beamten in untergeordneter oder mittlerer Position — die einkommensmäßig keineswegs besser als die Arbeiter gestellt sind — läßt die Kinder die höhere Schule besuchen, die Hälfte ihrer Kinder ist in einer Lehre.

Die Kinder höherer Angestellter und Beamter besuchen auch dann, wenn der Vater nicht mehr lebt und die wirtschaftlichen Verhältnisse beengt sind, die höhere Schule.

Wie sind diese Jugendlichen auf diese Ausbildung gekommen, wer hat sie beraten?

aus eigenem Wunsch, auf Grund eigener
Entscheidung und unbeeinflußt   34
aus eigenem Wunsch und im Einklang
mit dem Wunsch oder Rat der Eltern   17

Bei der Hälfte der Jugendlichen hat demnach der eigene Wunsch allein oder in Übereinstimmung mit den Plänen ihrer Eltern die Berufswahl entschieden.

Jeder Sechste der Jugendlichen allerdings (14) fügte sich lediglich dem Wunsch oder Rat der Eltern, ohne einen eigenen Wunsch zu haben oder haben zu dürfen, indem die Eltern in diesen Fällen den eigenen Wunsch des Jugendlichen aus verschiedenen Gründen nicht berücksichtigten. Dabei sind die Berufswünsche der Jugendlichen nicht immer unsinnig oder unklar; so wollte die neunzehnjährige Arbeiterin Helga gerne eine Schlosserlehre durchmachen; ihr Vater ist Bauschlosser, die Mutter Hausfrau, auch in der vorhergehenden Generation herrscht handwerkliche Tradition. Die Familie ist seit mehreren Generationen in der Kleinstadt ansässig, das Mädchen wollte Schlosserin werden, „denn ich hätte darin die Möglichkeit gesehen, das Geschäft des Vaters zu übernehmen und weiterzuführen, aber die Eltern haben es verboten". Die Mutter meint: „sie hätte gerne einen Beruf, z. B. Verkäuferin, lernen dürfen, dazu hatte sie aber keine Lust, ihr liegt die praktische Tätigkeit mehr". Das Mädchen ist durchaus von der Tradition ihres Elternhauses geleitet, sie will ihr künftiges Leben so gestalten, wie sie es bei den Eltern sieht, wenngleich sie kein besonderes Vertrauensverhältnis zu diesen Eltern hat. Auf die Frage, an wen sie sich wendet, wenn sie einen Rat braucht, sagt sie „zur Mutter täte ich mich nicht trauen". Nach einer einjährigen Tätigkeit in einem Haushalt einer nahegelegenen Großstadt ist sie wieder in die Heimat gekommen, arbeitet als Spinnerin in einem Textilbetrieb und spart für die Aussteuer.

Fast ein Fünftel der Jugendlichen handelte bei der Berufswahl nach dem Rat von älteren Menschen, zu denen man Vertrauen hat (Lehrer, Berufsberater), oder von gleichaltrigen Freunden.

Bei einem weiteren Fünftel dagegen wurden Ausbildung oder Beruf völlig planlos, durch Zufall oder eine sich gerade bietende Gelegenheit bestimmt.

Gemessen an ihrem Anteil an den befragten Jugendlichen finden sich bei den Mädchen besonders viele Extremfälle: relativ mehr Mädchen als

Jungen handelten planlos, ohne Rat von Eltern oder anderen Menschen und ohne eigene Wünsche und Vorstellungen. — Allerdings ist auch die Zahl der Mädchen, die ihre berufliche bzw. Ausbildungsentscheidung völlig nach eigenem Wunsch treffen konnte, relativ groß. Die Eltern haben sich offensichtlich bei den Töchtern weniger in die Wahl von Ausbildung und Beruf eingeschaltet als bei den Jungen.

Hier mag die Vorstellung „das Mädel heiratet ja doch" noch eine Rolle gespielt haben. Das wird auch an einem Beispiel deutlich: eines der Mädchen hatte erzählt, es wolle später vielleicht Missionsschwester werden, „aber bitte, schreiben Sie das nicht auf, es sieht so aus, als ob ich damit rechne, nicht zu heiraten, und ich will es ja nur werden, wenn ich keinen Mann finde..."

In diesem Zusammenhang liegt auch die Frage nahe, wie sich die Familiensituation auf die Berufsfindung der Jugendlichen auswirkt. In unvollständigen Familien, wo Vater oder Mutter nicht mehr leben, haben sich die Jugendlichen relativ häufiger planlos verhalten und sich durch den Zufall leiten lassen; sie haben ebensooft wie die Kinder vollständiger Familien nach eigener Entscheidung gehandelt, außerdem haben sie häufiger unter dem Einfluß Gleichaltriger entschieden, also ihre Freunde um Rat gefragt.

Auffallend ist der Unterschied zwischen der Häufigkeit elterlichen Einflusses auf die Berufswahl und dem Anteil der Jugendlichen, die die Eltern als ihre besten Ratgeber in ihren Sorgen und Fragen bezeichnen. Auf die in anderem Zusammenhang gestellte Frage, an wen sie sich im allgemeinen um Rat wenden, hatten drei Viertel der jungen Leute Mutter, Vater oder beide Eltern entweder ausschließlich oder zugleich mit anderen Menschen genannt:

	Jugendstudie	NWDR-Befragung[a]
Mutter ausschließlich oder zugleich mit anderen Menschen	28	
Vater ausschließlich oder zugleich mit anderen Menschen außer der Mutter	7	
Eltern ausschließlich oder zugleich mit anderen Menschen	36	
Vater, Mutter oder Eltern	71	
Lehrer und andere ältere Menschen	9	
Ältere Menschen insgesamt	80	86
Gleichaltrige (Freunde usw.)	11	11
niemand	10	14

Die dominierende Stellung der Mutter als Ratgeberin ihrer Kinder hatte in der Weimarer Zeit bereits K r o l z i g in empirischen Unter-

---

[a] NWDR. Hörerforschung: Jugendliche Leute, Ergebnisse einer Repräsentativ-Befragung 1953, 2. Aufl. München 1955.

suchungen festgestellt[8]; sie wird für die Gegenwart durch die Ergebnisse dieser Studie bestätigt, denn die Mutter teilt nicht nur am häufigsten das Taschengeld zu oder ein, sie wird ebenfalls auch allgemein am häufigsten um Rat gefragt, und zwar in der Kleinstadt von jedem dritten Jugendlichen ausschließlich. Auch in der Großstadt wird in diesem Zusammenhang häufiger die Mutter als der Vater genannt.

Die Daten einer anderen Untersuchung des NWDR aus der Nachkriegszeit bestätigen, wie die zum Vergleich aufgeführten Zahlen in der Übersicht zeigen, daß die Äußerungen der in dieser Studie befragten Jugendlichen mit dem allgemeinen Bild der Einstellung der Jugendlichen zu ihren Ratgebern übereinstimmen.

Nur bei einem Drittel dieser gleichen Jugendlichen haben elterlicher Rat oder elterlicher Wunsch die Berufswahl entschieden oder — dem Heranwachsenden selbst oft unbewußt — beeinflußt.

Allerdings äußerten gerade die Eltern, zu denen die Kinder ein besonders vertrauensvolles Verhältnis haben, Sohn oder Tochter hätten in dieser Frage völlig freie Hand gehabt, sie sollten das werden, wozu sie sich eigneten oder wozu sie besondere Neigung verspürten.

Die Jugendlichen, die ihren Berufs- oder Ausbildungsweg nach eigenem Wunsch wählen konnten, — es ist ebenfalls ein Drittel — verdanken dies zum größten Teil einer ihnen bewußt von den Eltern gewährten Freiheit und Erziehung zur Selbständigkeit; die durch einen Zufall und planlos ins Arbeitsleben Eingetretenen haben dagegen häufig in diesen Fragen unbewanderte oder wenig interessierte Eltern oder Elternteile.

Überhaupt ist das Interesse der Eltern für die Berufswahl der Jugendlichen unterschiedlich, und zwar unabhängig davon, ob sie die Wahl beeinflußt haben oder nicht. So unterstützt ein Teil der Eltern die Neigungen der Heranwachsenden:

„Er wollte von Kind auf Elektrotechnik lernen, hat schon immer gebastelt und hat auch Lust dazu" (Lehrling)

„Er hat eine ausgesprochene Begabung dafür, deshalb soll er Physiker werden" (Schüler)

„Er soll Entwicklungsfreiheit haben; Lust am Basteln hatte er schon als Kind, er baute so lange, bis das, was er baute, sich bewegen konnte. Er soll glücklich werden, ist sehr freiheitsbedürftig und kann schon deshalb nicht Beamter werden" (Maschinenbaulehrling)

„Er ging vom Hobby aus, hat schon immer am liebsten Radioapparate gebaut" (Schüler, Plan: Ingenieur)

„Wir haben keinen anderen Wunsch für ihn, er hatte Lust und Liebe zu dieser Lehre; er muß mehrere Arbeiten haben, denn er will vielseitig sein" (Konfektmacher)

„Wir haben nur den Wunsch, daß er das wird, was er möchte; das Studium ist ein Glück für jeden, wenn er das werden kann, was er sich erträumt" (Schüler, Plan: Sprachstudium)

---
[8] *Krolzig*, Günter: Der Jugendliche in der Großstadtfamilie, Berlin, 1930.

Auch wenn die Berufswahl des Jugendlichen nicht dem entspricht, was sich die Eltern für ihn gewünscht hatten, stellen sie sich im allgemeinen positiv dazu:

„Der Junge sollte Jura studieren, mein Mann wollte ihn aufs Amt haben, weil er ihm da vom Beruf her helfen kann; aber er will Sprachen studieren, aus sich selbst, weil er eine besondere Begabung hat; wir sind einverstanden" (Schüler)

„Wir wollten ihn gerne Lehrer werden lassen, aber er durfte selbst entscheiden, und er ist kein großer Büffler" (Kaufmännischer Lehrling)

„Er muß was lernen, der Vater hat doch auch immer gearbeitet, und er ist selbst zufrieden" (Werkzeugmacherlehrling, Eltern heimatvertriebene Bauern)

„Er sollte Abitur machen und auf der Technischen Hochschule studieren, aber das ging nicht; für Beamten- oder Staatsstellungen ist ein Diplom nötig, der Vater hat nur eine Fachschule besucht und deshalb nur Zugang zur freien Wirtschaft. Praktische Arbeit und Basteln liegt dem Jungen mehr, es ist aber die Frage, ob er jetzt gut tut; jetzt soll er die Lehre fertigmachen" (Mechaniker-Lehrling)

In anderen Fällen sind die Eltern nicht froh über die Berufswahl und sehen zum Teil mit Sorge in die Zukunft:

„Der Älteste soll Bauer werden. Deshalb sollte der Junge ursprünglich den Hof übernehmen, jetzt wird er es nach dem Unfall kaum können; nun will er weit weg, das ist nicht angenehm. Die Bauernschicht war doch schon immer eine gehobene Schicht" (Kaufmännischer Angestellter)

„Er sollte Abitur machen und studieren, aber er hat nicht gelernt, mußte deshalb aus der Schule. Gar keine Wünsche hat der Junge gehabt, er wußte überhaupt nicht, was er wollte. Wenn er nicht weiterkommt und ein gewöhnlicher Kaufmann bleibt, hat er es nicht so gut wie zu Hause" (Kaufmännischer Lehrling, Vater Facharbeiter und Gewerkschaftssekretär)

„Der Beruf des Jungen ist uns jetzt ziemlich egal; er war in der Landwirtschaftslehre, um die Weinbauschule zu besuchen, aber er hätte erst mit 21 Jahren die Schule anfangen können, außerdem lachten ihn seine Kameraden aus, weil er in der Landwirtschaft war, jetzt will er sehen, daß er in einer Nudelfabrik unterkommt, dies ist uns noch lieber als Wachtmeister im Jugendgefängnis" (Bäcker)

Um die Töchter machen sich die Eltern allerdings weit weniger Gedanken:

„Wenn sie zufrieden ist, bin ich's immer" (Banklehrling)

„Sie soll etwas arbeiten, um sich vor der Heirat die Aussteuer zu verdienen, sie soll auch noch den Haushalt lernen, irgend etwas muß man schaffen" (Textilarbeiterin)

„Töchter müssen sich die Aussteuer schaffen ... sie mußte Geld verdienen" (Hilfsarbeiterin)

„Sie eignet sich für den Umgang mit Kindern" (Lehrerin)

„Sie sollte Schneiderin werden, hat sich aber selbst diese Ausbildung gesucht, Auslandskorrespondentin will sie werden aus Freude an den Sprachen, ich habe mich abgefunden" (Stenokontoristin)

„Die kaufmännische Laufbahn ist einfach, sie soll keinen schwereren Beruf beginnen" (Textilverkäuferin).

2. Weiterführende Berufspläne

Im Alter von 17 bis 21 Jahren pflegt der junge Mensch weitere berufliche Pläne zu machen und Wünsche zu entwickeln. In welcher Richtung gehen diese Pläne bei den in dieser Studie erfaßten Jugendlichen?

Der Beruf „Angestellter" ohne nähere Bezeichnung kommt unter den Berufszielen relativ oft — in einem Drittel der Fälle — vor. Etwa ein Viertel der Jugendlichen, die diesen Beruf anstreben, ist derzeit als Arbeiter tätig; hier drückt sich im Berufsziel der Wunsch nach beruflichem Aufstieg aus.

Ein Viertel nennt akademische Berufe als Ziel, das sind die Oberschüler und einige der kaufmännischen Lehrlinge, die nach Lehrabschluß studieren wollen, bei der Befragung aber dringend gebeten haben, den Betrieb dies nicht wissen zu lassen, sonst gäbe es Schwierigkeiten.

Bei den kaufmännischen Lehrlingen mit weitergehenden Berufswünschen ist übrigens ein Unterschied zwischen Kleinstadt und Großstadt festzustellen: es sind ausschließlich kaufmännische Lehrlinge in der Großstadt, die an ein späteres Studium denken. Offensichtlich spielt hier das Vorhandensein entsprechender Hochschulen am Ort die entscheidende Rolle; die Jugendlichen in der Kleinstadt müßten zum Studium den Wohnort wechseln, wobei ihnen der Rückhalt im Elternhaus fehlen würde.

Unsere Arbeiterkinder interessieren sich ebensowenig wie die Kinder von Landwirten für eine weitergehende Ausbildung. Ein Drittel der Kinder der Angestellten und Beamten mit niedrigerem Einkommen dagegen beabsichtigt zu studieren.

Ein knappes Drittel der befragten jungen Leute hat keinerlei berufliche Pläne, man zeigt kein Interesse an der Zukunft. Dabei beträgt das Familieneinkommen in zwei Drittel dieser Familien über 600 DM im Monat, in einigen sogar über 1000 DM. Es sind zwar überwiegend Arbeiterkinder, die keine weiteren Berufspläne machen, nur wenige Kinder von Facharbeitern, im übrigen — etwa zusammen die Hälfte dieser Gruppe — Kinder von Angestellten, Beamten und Selbständigen.

So sind es gerade die Kinder aus Familien mit finanziell angespannten Verhältnissen, die relativ häufig einen sozialen Aufstieg über eine weitere Berufsausbildung anstreben. In Übereinstimmung mit dem, was an anderer Stelle der Untersuchung über die Intensität des eigenen Fortbildungs- und Aufstiegsstrebens der Jugendlichen zu beobachten war, sind es gerade die Kinder dieser oft finanziell nicht gut gestellten Familien, die ausgesprochen klare Vorstellungen über ihre berufliche Zukunft haben, die sich auch mit diesen Fragen beschäftigen, und zwar teilweise in Abstimmung mit ihren Eltern, teilweise aber auch von deren Vorstellungen abweichend. Das trifft für Jungen wie für Mädchen zu.

3. Die Bedeutung der finanziellen Situation der Familie für die Berufswahl

Nach diesen allgemeinen Feststellungen erscheint es notwendig, sie etwas stärker durch Fakten zu unterbauen.

Abgesehen von dem Primaner Peter, der als Kriegswaise zusammen mit seiner Mutter 250 DM im Monat hat, selbst davon 15 DM Taschengeld bekommt, in der Kleinstadt das Gymnasium besucht und alles daran setzt, im Leben voranzukommen, um seiner Mutter das Leben leichter zu gestalten, liegen die Familieneinkommen der Jugendlichen, die einen akademischen Beruf erstreben, über 400 DM, bei mehr als der Hälfte dieser Familien über 1000 DM.

Genau die Hälfte der Familien der künftigen Angestellten verfügt über Einkommen zwischen 600 und 1000 DM, ein Sechstel über mehr als 1000 DM, aber auch bei den Einkommen der Familien künftiger Facharbeiter findet man überwiegend die Gesamteinkommen von 600 bis 1000 DM, und sofern mehrere Familienmitglieder erwerbstätig sind, auch über 1000 DM.

Nur bei einem Drittel der Jugendlichen ohne Berufsziel bleibt das Familieneinkommen unter 600 DM, die anderen Einkommen sind höher. Finanzielle Gründe können es also nicht sein, die die Jugendlichen und ihre Eltern abhalten, weitergehende Berufspläne zu machen.

Die Vermutung liegt nahe, daß es dann die Mädchen sind, bei denen die Eltern wieder sagen: „es lohnt nicht mit einer weitergehenden Ausbildung". Das ist aber nicht der Fall: der Anteil der Mädchen an den Unentschlossenen und Uninteressierten liegt nur unwesentlich über dem der Jungen; in der Kleinstadt überwiegt sogar die Zahl der Jungen ohne ein weiteres Berufsziel.

Der Schluß, der aus der Analyse der väterlichen Berufe gezogen wurde, wird beim Vergleich der Einkommensverhältnisse mit den Berufsplänen bestätigt: *Es sind nicht finanzielle Gründe, die den Jugendlichen den Zugang zu einem höher qualifizierten Beruf versperren, sondern dann, wenn sie von den am Ort ja vorhandenen Möglichkeiten keinen Gebrauch machen, liegt es meist am mangelnden Verständnis der Eltern, oft aber auch daran, daß der Jugendliche selbst keine Lust zum Lernen hat.*

So wurden auch Fälle gefunden, in denen der Jugendliche offensichtlich Anlagen und Talente zu Berufen der mittleren Qualifikationsstufe mitbringt und sich in der höheren Schule unglücklich fühlt, so daß es sicher besser gewesen wäre, die Eltern hätten nicht auf dem Besuch dieser Schule bestanden, sondern ihr Kind eine Ausbildung für die mittlere Ebene beginnen lassen. Andererseits kommt die Erkenntnis von der Bedeutung einer längeren Schulausbildung bei den Jugendlichen oft erst nachher. Wir trafen einen 20jährigen Werkzeugmacher, der trotz der Wünsche seiner Eltern einfach nicht länger zur Schule gehen wollte und der nun, nachdem er das Arbeitsleben kennt, alles daran setzt, spart, auf andere Wünsche verzichtet, um wenigstens über den Besuch einer Fachschule zu einem höher qualifizierten Beruf zu kommen.

4. Information über Möglichkeiten zum beruflichen Aufstieg

Die Voraussetzung für weitergehende Berufspläne ist allerdings, daß der Jugendliche über die Möglichkeiten zur beruflichen Aus- und Weiterbildung informiert ist und sich dafür interessiert hat, auch daß er dann, wenn er solche Möglichkeiten kennt, entsprechende Pläne macht und seine Lebensführung gegebenenfalls darauf einstellt.

In Übereinstimmung mit der Feststellung, daß fast ein Drittel der Jugendlichen kein über ihren jetzigen Status hinausführendes Berufsziel hat, steht auch das Ergebnis, daß fast ein Drittel der jungen Leute überhaupt keine Möglichkeiten zu beruflichem Aufstieg kennt oder sich bei vorhandener Kenntnis dieser Möglichkeiten nicht weiter damit beschäftigt. Diese Jugendlichen stammen wiederum durchweg aus Elternhäusern mit auskömmlichen oder sogar guten wirtschaftlichen Verhältnissen.

Auch die Information über Einrichtungen und Möglichkeiten zur Fortbildung und Weiterbildung im Beruf ist in diesem Zusammenhang von Bedeutung. Mehr als ein Viertel der Jugendlichen konnte im Gespräch keinerlei Einrichtungen dieser Art nennen; allerdings weichen die Ergebnisse in der Großstadt und der Kleinstadt in diesem Punkt stärker voneinander ab. Die Heranwachsenden in der Großstadt zeigen sich wesentlich besser informiert als ihre Altersgenossen in der Kleinstadt, obgleich beide Orte über vielfältige und gute Fortbildungsmöglichkeiten verfügen. Mehr als die Hälfte der Jugendlichen, die in der Kleinstadt über diese Einrichtungen im Bilde sind, hat sich aus eigener Initiative darüber informiert, ein relativ großer Teil hat auch mit Geschwistern oder Freunden darüber gesprochen — Schule und Betrieb dagegen haben nur in den wenigsten Fällen in dieser Beziehung aufklärend gewirkt. Aber auch in der Großstadt, wo die jungen Leute sich insgesamt besser informiert zeigen, sind es meist Eltern, Geschwister und Freunde, von denen sie diese Kenntnisse haben, selten nur haben Schule und Betrieb sie darauf hingewiesen.

Diese offensichtlich nicht ausreichende Information der Heranwachsenden über Fortbildungsmöglichkeiten erscheint im Interesse ihrer beruflichen Zukunft bedenklich. Befragungen erwachsener Arbeiter und Angestellter in einer Reihe nord- und süddeutscher Betriebe anläßlich einer anderen Untersuchung[9] ergaben, daß ein großer Teil der Berufstätigen ohne Information, ohne eine Vorstellung dessen, was sie erwartete, meist durch Zufall in den einen oder anderen Beruf geraten, in die eine oder andere Lehre gekommen war. Das hatte zur Folge, daß ein Teil später den Beruf wechselte, während andere sich mit dem einmal begonnenen Berufsweg abgefunden hatten, ohne in diesem Beruf zufrieden zu sein. Viele von denen, die weiterkommen möchten, scheitern daran, daß ihnen eine entsprechende Vorbildung fehlt und daß sie nicht zur rechten Zeit über Fortbildungsmöglichkeiten informiert worden sind.

Die Information der Jugendlichen über berufliche Wege und Möglichkeiten ist nicht nur deshalb wichtig, weil die Freude am Beruf, die Befriedigung über die eigene Leistung ein menschliches Bedürfnis ist, sondern sie ist auch von volkswirtschaftlichem Interesse: Arbeitskräfte sind knapp, deshalb ist es wichtig, die vorhandenen Arbeitskräfte an den bestmöglich für sie geeigneten Platz zu bringen und die Leistungsverluste zu vermeiden, die aus beruflichen Fehlentscheidungen entstehen.

Der Lebensstandard in den Elternfamilien dieser über berufliche Möglichkeiten wenig informierten und am beruflichen Weiterkommen anscheinend wenig interessierten Jugendlichen läßt nach den Ergebnissen dieser Studie in den meisten Fällen eine sorgfältige Berufswahl und eine entsprechende Ausbildung zu; der Lebensstandard der künftigen Familien wird aber davon abhängen, daß die jetzt Heranwachsenden den Zugang zu dem für sie geeigneten Berufsweg finden.

Anders sind häufig die Verhältnisse bei denen, die über berufliche Aufstiegsmöglichkeiten informiert sind und entsprechende Pläne machen: während die Uninformierten und Uninteressierten aus vielfach guten oder auskömmlichen Verhältnissen stammen, herrscht in einem Teil der Elternhäuser der für die berufliche Zukunft Planenden wirtschaftliche Bedrängnis. Dennoch glaubt ein Teil auch dieser Jugendlichen, die beruflichen Pläne in der einen oder anderen Form verwirklichen zu können; die anderen stellen sich darauf ein, für ihre Zukunft Opfer zu bringen, sie verzichten auf die Erfüllung gegenwärtiger Wünsche, sie sparen sich Geld, oder sie kaufen sich jetzt schon Fachbücher und Instrumente; auch besuchen sie vielfach Fortbildungskurse.

Die Tatsache, daß die Jugendlichen aus Familien, in denen man sparsam wirtschaften muß, im allgemeinen gut über berufliche Aufstiegsmöglichkeiten informiert sind und ein Aufstiegsstreben entwickeln, deutet darauf hin, daß gerade diesen Jugendlichen die Bedeutung einer sol-

---

[9] *Münke*, Männerlöhne und Frauenlöhne bei gleicher Arbeit, als Manuskript hrsg. von der Kommission der Europäischen Wirtschaftsgemeinschaft, Brüssel 1960.

chen Berufsvorbereitung für die eigene Zukunft klargeworden ist. Es ist etwa ein Drittel, das unter Verzicht auf gegenwärtige Wünsche solche Vorbereitungen für die Zukunft trifft.

5. Erwartungen der Heranwachsenden an den künftigen Beruf

Bei diesen Vorbereitungen lassen sie sich von gewissen Erwartungen bestimmen. Unter den Wünschen der befragten Jugendlichen an ihren Beruf waren vertreten:

interessante Arbeit allein	22mal
interessante Arbeit in Verbindung mit anderen Wünschen	65mal
Sicherheit allein	7mal
Sicherheit in Verbindung mit anderen Erwartungen	54mal
Ansehen und Geltung allein	10mal
Ansehen und Geltung in Verbindung mit anderen Punkten	51mal
ausreichende Freizeit für andere Interessen, die einem Freude machen	48mal

Der ausgeprägte Wunsch nach ausreichender Freizeit erscheint besonders wichtig, wenn die den Jugendlichen während ihrer Ausbildung tatsächlich verbleibende Freizeit betrachtet wird.

Charakteristisch erscheint bei diesen Ergebnissen schließlich, daß bei 32 Jugendlichen die Berufserwartungen ausschließlich von wirtschaftlichen Gesichtspunkten bestimmt waren, während 17 Jugendliche jegliche wirtschaftlichen Erwägungen im Zusammenhang mit ihrem Berufsziel ablehnten und betonten, sie wollten sich lediglich von ihren Interessen und der erhofften Befriedigung im Beruf leiten lassen. Die übrigen Jungen und Mädchen beurteilen diese Gesichtspunkte mit unterschiedlichem Gewicht, teils vorwiegend wirtschaftlich, teils aus anderen Aspekten.

6. Die Rolle der beruflichen Tradition in der Familie

Die Rücksicht auf eine in der Familie vorhandene Berufstradition hat bei der Berufswahl der Jugendlichen eine unterschiedliche Rolle gespielt. Eine solche Tradition existiert im Bewußtsein von etwa zwei Dritteln der Jugendlichen nicht; die Einstellung der übrigen Jungen und Mädchen zu der ihnen bekannten und bewußten Tradition ist zu einem größeren Teil negativ als positiv. Einige wenige kennen zwar diese Familientradition, sie ist ihnen jedoch gleichgültig oder beeinflußt ihre eigenen Pläne in keiner Weise.

Unter denen, die sich in Opposition zur Berufstradition der Familie befinden oder sie zumindest ablehnen, überwiegen die künftigen Angestellten. Unter denen dagegen, die sich positiv dazu äußerten, finden sich relativ viele, die später einen akademischen Beruf ergreifen wollen — z. T. Kinder aus unvollständigen Familien, die sich um so verantwortlicher für die Weiterführung dieser Tradition fühlen —, doch wurden auch unter diesen Jugendlichen einige gefunden, die keine eigenen Pläne machen und sich meist ohne persönliche Auseinandersetzung mit dieser Frage passiv den Wünschen ihrer Eltern fügen.

Auch wenn die Einstellung zur beruflichen Tradition der Familie positiv ist, wählen die Jugendlichen häufig einen davon abweichenden Beruf:

Der 17jährige Mechanikerlehrling Kurt ist Sohn eines Bauern; beide Großväter waren Landwirte. Den Wunsch seiner Mutter, sich auf den gleichen Beruf vorzubereiten und durch Einheirat zum eigenen Hof zu kommen, lehnt Kurt allerdings ab.

Ebenso ist es beim 21jährigen Bäcker Arthur: der Vater und beide Großväter sind Bauern gewesen, er selbst schätzt diesen Beruf positiv ein, „aber nur auf dem eigenen Hof..."

Der 20jährige Werkzeugmacher Werner wird später den Betrieb des Großvaters übernehmen, in dem sein Vater heute als Betriebsleiter tätig ist; seine Mutter war bis zur Heirat Auslandskorrespondentin. Werner spart für eine weiterführende Ingenieur-Ausbildung, meint aber: „Jeder soll das machen, was für ihn und wofür er geeignet ist. Der nun einmal vorhandene Betrieb des Großvaters ist für mich ein Anreiz, nicht aber eine Verpflichtung..."

Dort, wo die berufliche Tradition der Familie abgelehnt wird, sind die Vorstellungen von dem, was die Jugendlichen selbst werden wollen, meist besonders ausgeprägt — man hat sich mit dieser Frage intensiver als die anderen auseinandergesetzt:

Der Vater der 18jährigen technischen Zeichnerin (noch in der Lehre) Renate ist Bankkaufmann, die Mutter hatte bis zur Heirat den gleichen Beruf ausgeübt; ein Großvater war Kaufmann, der andere Offizier. Renate meint aber: „Ich halte nicht viel davon, jeder muß seinen eigenen Beruf finden, denn jeder ist zu etwas anderem berufen..."

Der 17jährige Mechanikerlehrling Udo stammt aus einer Baumeisterfamilie, sein Vater und sein Großvater üben diesen Beruf aus, der andere Großvater ist Bahnbeamter. Udo steht in einem guten Vertrauensverhältnis zu seinem Vater, lehnt aber die berufliche Tradition der Familie ab. Er spart und besucht Förderkurse, um seinen eigenen Berufsweg zu finden.

Vater und beide Großväter des 18jährigen Werkzeugmacherlehrlings Horst waren Bauern; er aber hat seine Lehre nach Beratung mit seinem Lehrer gewählt und besucht abends und am Samstag Förderkurse, um als Techniker weiterzukommen, denn von diesem Beruf erhofft er sich „eine körperlich leichtere Arbeit, gutes Vorwärtskommen und eine gute Stellung".

Auch der 19jährige kaufmännische Angestellte Karl stammt aus einer Bauernfamilie, will sein Leben aber völlig anders, als er es bei seinen Eltern kennenlernte, gestalten. Zur Berufswahl meint er: „Die Entscheidung mit 14 Jahren ist zu früh, da weiß man einfach nicht, was man will..." Er hat sich jetzt „für das Exportfach" entschieden, „denn heute gilt nur Spezialismus". Die Anregung zu dieser Entscheidung kam durch eine Reise mit einer Jugendgruppe zur Weltausstellung in Brüssel, „die Folgen der EWG sind noch nicht klar, aber vielleicht bringen sie uns wirtschaftliche Verbesserungen..."

VII. Freizeit und Freizeitverwendung

1. Die freie Zeit...

Es wurde bereits erwähnt, daß die den Jugendlichen verbleibende Freizeit wichtig für ihr gegenwärtiges Leben wie für die Möglichkeit ihrer Vorbereitung auf die Zukunft ist. Nicht ohne Grund nannte fast die Hälfte der Heranwachsenden unter den Erwartungen an ihren Beruf „ausreichende Freizeit", es muß sich um einen Wunsch handeln, der ihnen selbst besonders wichtig erscheint. Die allgemeinen Freizeitinteressen der Jugendlichen zu untersuchen, war nicht Aufgabe dieser Studie; bei den Fragen nach der Verwendung der freien Zeit ist das Gewicht vorwiegend auf den Gesichtspunkt gelegt worden, ob und in welchem Umfang diese Zeit im Interesse der Zukunft genutzt worden ist.

Mit jedem der befragten Jugendlichen ist zunächst sein Tages- und Wochenplan durchgegangen und zusammen mit ihm ausgerechnet worden, wie viele Stunden er täglich durch Schule, Lehre oder Arbeit in Anspruch genommen ist, wieviel Zeit er für den Weg von und zur Schule bzw. zum Betrieb braucht und was ihm nach Erledigung der Hausarbeiten für Schule und Berufsschule bleibt.

Fast ein Fünftel der Jugendlichen hat weniger als zwei Stunden täglich, fast die Hälfte zwischen zwei und vier Stunden für sich, das sind zusammen genau zwei Drittel, deren freie Zeit an Wochentagen weniger als vier Stunden ausmacht.

Mehr als vier Stunden bleiben nur einem weiteren Fünftel, das sind vor allem die schon Berufstätigen und einige kaufmännische Lehrlinge; bei dem Rest — es ist etwa jeder Sechste, vor allem sind es Schüler und Lehrlinge — ist die Belastung durch Hausaufgaben und andere mit der Ausbildung zusammenhängende Pflichten so unterschiedlich, daß die jungen Leute selbst eine genaue Zeit nicht angeben können. Wiederholt bekamen wir die Antwort, man könne von Freizeit überhaupt nicht sprechen.

Die Jugendlichen in der Kleinstadt haben trotz der geringeren Entfernungen etwa die gleiche freie Zeit wie in der Großstadt, weil die Anmarschwege infolge des Fehlens öffentlicher Verkehrsmittel relativ längere Zeit in Anspruch nehmen; auch kommen die Jungen und Mädchen vielfach von den umliegenden Dörfern.

Ein relativ großer Teil der Kleinstadt-Jugendlichen äußerte im Gespräch den Wunsch, die Freizeit nach Möglichkeit für sich allein verbringen zu können, wenngleich dieser Wunsch nicht immer realisierbar sei. Dies mag unter anderem damit zusammenhängen, daß diese Jugendlichen ihr Zuhause in ländlicher Umgebung haben, dieser Umwelt aber durch ihre andersartige Ausbildung oder Tätigkeit bereits etwas entfremdet sind. In der Großstadt wurde der Wunsch, in der Freizeit allein sein zu dürfen, nicht so häufig ausgesprochen; insgesamt äußerte sich etwas mehr als ein Viertel der Jugendlichen in diesem Sinne. Ein Drittel verbringt die freie Zeit an Wochentagen und am Wochenende ausschließlich mit Freunden und Kameraden, nicht aber in der Familie, die übrigen sind in dieser Zeit zum Teil mit ihren Freunden, zum anderen Teil mit der Familie zusammen.

2. ... ausgefüllt mit Pflichten ...

In dieser freien Zeit haben die Jungen und Mädchen allerdings einige Pflichten zu erfüllen: im Haus, Garten oder teilweise auch in der Landwirtschaft hilft jeder Fünfte, doch wird mehr als die Hälfte neben anderen Pflichten auch noch gelegentlich zu diesen Hilfeleistungen herangezogen. Einige wenige verwenden auch diese Zeit ausschließlich für zusätzliche Schularbeiten, zwei Drittel tun gelegentlich (vor allem, wenn Zeugnisse zu erwarten sind) zusätzlich etwas für die Schule oder Berufsschule. Die Hälfte nennt Fortbildungsvorhaben der einen oder anderen Art ausschließlich oder neben der normalen Hausarbeit für Schule und Berufsschule oder neben Hilfeleistungen in Haus und Garten als Freizeitbetätigung.

In diesem Zusammenhang liegt die Vermutung nahe, daß zumindest die Jungen technische Interessen im Rahmen dieser Fortbildung pflegen würden. Die Pädagogen, vor allem die Lehrer und Schulleiter in der Großstadt, hatten bei den Beratungen darauf hingewiesen, daß die Oberschüler nach ihren Beobachtungen vorzugsweise an mathematischen und naturwissenschaftlichen Fächern interessiert sind; in der Kleinstadt allerdings wurde eine Aufgeschlossenheit der Schüler und Lehrlinge für politische und literarische Themen dann beobachtet, wenn sie in der Schule oder in einer Jugendgruppe an diese Fragen herangeführt werden.

Die Erwartungen, angesichts der fortschreitenden Technisierung bei den Jugendlichen auch entsprechende Fortbildungsinteressen zu finden, ist enttäuscht worden. Nur 11 der 49 Heranwachsenden, die in ihrer Freizeit zusätzlich etwas für ihre berufliche Fortbildung tun, beschäftigen sich mit technischen Fächern. Es sind meist Lehrlinge, die später eine weitere Ausbildung als Techniker oder Ingenieur anstreben, oder junge Arbeiter. Allerdings wurde wiederholt darüber geklagt, daß Fortbildungskurse, für die man sich anmelden wollte, überfüllt seien. Einige der Jungen hatten schlechte Erfahrungen mit Fernkursen gemacht. Das Interesse ist demnach größer, als die Zahlen aussagen. 17 der 49 an ihrer Fortbildung arbeitenden Jugendlichen lernen zusätzlich Sprachen; meist sind dies kaufmännische Lehrlinge oder junge Angestellte, die sich davon berufliche Vorteile versprechen. Allerdings wurde auch bei Schülern ein relativ großes Interesse am Studium der Sprachen festgestellt, ohne daß sie jedoch besondere Kurse besuchen. Weitere 21 der befragten Jugendlichen besuchen Fortbildungsveranstaltungen auf nichttechnischem Gebiet.

Die Hälfte der Jugendlichen ist bei ihren zusätzlichen Arbeiten für Schule und Fortbildung von konkreten Zielvorstellungen geleitet; jeder fünfte arbeitet an der Fortbildung im derzeitigen Beruf, jeder dritte lernt etwas Neues hinzu, um später besser voranzukommen.

Die Eltern haben unabhängig und ohne Kenntnis dessen, was ihre Kinder gesagt hatten, größtenteils im gleichen Sinne berichtet. Allerdings bieten die beiden Städte, in denen die Feldarbeit durchgeführt wurde, gute Fortbildungsmöglichkeiten; die Volkshochschulen sind in beiden Orten ausgezeichnet. In der Kleinstadt haben auch die Leiter von Jugendgruppen, so z. B. vor allem der gewerkschaftlichen Jugendgruppe, sich besonders interessiert an der Weiterbildung der Gruppenmitglieder gezeigt.

Im vorigen Abschnitt wurden kritische Bemerkungen über das nicht immer rege Interesse aller Jugendlichen an ihrer beruflichen Zukunft gemacht. Wenn man jetzt aber sieht, wie wenig Zeit diese jungen Menschen für sich haben und wie viele dann doch etwas für ihre Fortbildung tun, erscheint das Bild des Aufstiegs- und Bildungsstrebens der Heranwachsenden in einem anderen Licht: sie sind einfach überbeansprucht.

In einer Zeit, in der intensive Bestrebungen dahin gehen, den Arbeitnehmern durch Arbeitszeitverkürzungen mehr Spielraum zur Erholung und zur Pflege anderer Interessen zu verschaffen, *sind die Jugendlichen, die in dieser Studie erfaßt wurden, in einem Ausmaß überfordert, das angesichts ihrer in diesem Alter noch nicht beendeten körperlichen Entwicklung Anlaß zu Besorgnis geben sollte. Diejenigen, die dennoch um Weiterbildung bemüht sind, tun dies zu Lasten ihrer körperlichen und nervlichen Gesundheit.* Am besten geht es nach unseren Beobachtungen in dieser Hinsicht den jungen Arbeitern und Angestellten; hier wurden gemeinsam mit ihnen häufig fünf und mehr freie Stunden am Wochentag ausgerechnet.

3. ...und anderen Vorhaben

Neben den ihnen von den Eltern auferlegten Pflichten bestimmter Hilfeleistungen und neben Fortbildungsvorhaben nehmen sich die jungen Leute in ihrer freien Zeit natürlich auch noch etwas anderes vor. Sie berichten von „Ausgehen", von Ausflügen in die Umgebung am Wochenende, aber auch vom Geldverdienen.

„Abends ausgehen" wurde 67mal als Freizeitvergnügen genannt, „Ausflüge" wurden von 54 Jugendlichen angegeben, und zwar weitaus häufiger in der Großstadt als in der Kleinstadt, das Verhältnis ist 37 : 17.

Die Hälfte der jungen Leute gestaltet die freie Zeit unbeeinflußt von anderen Menschen, ein Drittel richtet sich nach Freunden und Kameraden; weder die Familie noch die Kirche haben einen wesentlichen Einfluß; wenn die Jugendlichen einen Teil der Freizeit in der Familie verbringen, so tun sie dies aus eigenem Antrieb oder weil man weiß, daß die Eltern es gerne sehen.

„Mit Freunden immer draußen",
„mit Freunden außerhalb der Wohnung",
„am liebsten mit Kameraden unterwegs"

sind häufig wiederkehrende Äußerungen über die Gestaltung des Abends. Der 20jährige Schüler Klaus meinte allerdings:

> „Mutter hat sich schon daran gewöhnt, daß ich immer weg bin, eigentlich ist das nicht schön..."

Auch der 17jährige Mechanikerlehrling Udo schildert die Abende ähnlich:

> „Ich treffe mich mit den Freunden, manchmal sind wir mit den Fahrrädern draußen, sonst stehen wir herum, man schlendert durch die Straßen..."

Ein anderer 17jähriger Mechanikerlehrling, Johann, lebt im Bewußtsein des Seltenheitswertes seiner freien Zeit:

> „Was ich abends mache? Das ergibt sich so, aber Zeit ist kostbar, sie darf nicht verschwendet werden...",

und der 18jährige Werkzeugmacherlehrling Horst berichtet:

> „Mein Freund macht Schwarzarbeit, zusammen mit seinem Vater, sie sparen auf ein Auto."

Da Horst unter seinen besonders dringlichen Wünschen in anderem Zusammenhang auch „sparen auf ein Auto" nennt, wäre er einer gleichen Tätigkeit gewiß nicht abgeneigt — falls er sich seinem Freund nicht bereits angeschlossen hat.

Die Mädchen bleiben gerne bei einer Handarbeit zu Hause, so auch die 20jährige kaufmännische Angestellte Inge:

> „Es macht Spaß, wenn es zu Hause schön ist und ich meiner Mutti helfen kann..."

Auch ein Teil der Jungen hat Freude am Elternhaus, wie z. B. der 20jährige Bäcker Walter:

„Ich helfe mit meinem Freund zusammen bei seinen oder meinen Eltern oder bei anderen Leuten, das Herumsitzen in der Kneipe liegt mir nicht..."

In den Gesprächen mit den Eltern wurden die Aussagen der Jugendlichen, daß sich die Eltern wenig um die Freizeitvorhaben ihrer Kinder kümmern, bestätigt; sie wissen nicht immer, wo ihre Kinder sich aufhalten; in vielen Familien genügt es ihnen, daß der Sohn oder die Tochter in einer Jugendgruppe oder im „Club" der Gewerkschaft sind. Vor allem die Väter sind abends zu müde, das wird immer wieder hervorgehoben, um sich mit ihren Kindern zu beschäftigen, und auch die Mütter wollen meist „stille sitzen". Mehr als ein Drittel der Jugendlichen berichtete ebenso wie die Eltern vom gemeinsamen Radiohören am Abend. Selten geht man zusammen ins Kino, noch seltener ins Theater. Deshalb ist es verständlich, daß die Heranwachsenden es vorziehen, aus dem Hause zu gehen, an den Ecken herumzustehen oder, wenn sie zu Hause sind, allein zu sein. Ihre Mütter können ihren Ideen zum Teil nicht folgen, die Väter sind müde — die Jugendlichen häufig ebenfalls!

4. Freizeitarbeit und Ferienarbeit

Bei der Nennung des „Geldverdienens" der Jugendlichen in der Freizeit könnte man vermuten, die Schwarzarbeiter erwischt zu haben, wie es bereits bei dem zuvor genannten Werkzeugmacherlehrling Horst wahrscheinlich der Fall ist.

Geldverdienen ausschließlich wurde zweimal, neben anderen Punkten 20mal genannt. Diese zusätzlichen Geldverdiener setzen sich zusammen aus:

13 Schülern,
5 kaufmännischen Lehrlingen,
1 Facharbeiter,
1 Arbeiter.

Bei beiden Arbeitern ist der Vater gestorben, so daß sie noch etwas zum Haushalt der Mutter beisteuern müssen. Vier kaufmännische Lehrlinge kommen aus Familien von Angestellten oder Selbständigen mit kleinem Einkommen; einem von ihnen geht es relativ gut, er hat zwischen 50 und 100 DM Taschengeld von zu Hause, aber er hat doch sehr viele Wünsche, schafft sich sehr viel an, macht alles mit und ist überhaupt sehr unternehmungslustig.

Außer diesen Jugendlichen, die das Geldverdienen neben anderen Freizeitverwendungen angaben, wurden noch ein Schüler und eine Schülerin festgestellt, bei denen das Geldverdienen eine besondere Rolle spielt; sie gehen nicht aus und machen auch keine Ausflüge, sie verbringen ihre Freizeit größtenteils im Elternhaus.

Der Vater der 17jährigen Schülerin Helga steht in der Schulverwaltung in gehobener Position, das Einkommen ist gut, die häuslichen Verhältnisse harmonisch, dennoch lebt die Familie relativ bescheiden. Helga bekommt 5 DM Taschengeld im Monat zur freien Verfügung; wenn sie etwas braucht, kauft die Mutter ihr es. Aber sie geht sehr gerne ins Theater und besucht Konzerte, da hat sie den Ausweg gefunden, als Programmverkäuferin nicht nur etwas zu verdienen, sondern auch die Stücke auf diese Weise umsonst zu sehen. Die Eltern sind mit diesem Job einverstanden.

Beim 19jährigen Schüler Klaus-Peter liegen die Verhältnisse anders. Das Einkommen seines Vaters, eines Beamten der mittleren Laufbahn, ist zwar auch gut, die wirtschaftliche Situation auskömmlich, aber das Verhältnis zwischen Mutter und Sohn unerfreulich. Die Mutter lebt in dem Glauben, man habe in der Klinik seinerzeit die Babies vertauscht, dies sei nicht ihr Kind; Klaus-Peter unterscheidet sich von seinem jüngeren Bruder in jeder Beziehung, der andere ist ein Musterkind und Musterschüler, Klaus-Peter fühlt sich in der Schule ebensowenig wohl wie im Elternhaus, er steht in Opposition zu den älteren Menschen seiner Umwelt. Unter seinen Altersgenossen hat er dagegen eine ganze Reihe von Freunden, die seine Interessen teilen und mit ihm zusammen in seinem Zimmer basteln. Er hat eine ausgesprochene technische Begabung und pflegt seine Hobbies Radiotechnik und Farbfotografie um jeden Preis. Von dem Taschengeld von wöchentlich 3 DM — mit 19 Jahren und bei einem guten Einkommen des Vaters! — kann er sich nicht viel leisten, zumal die Mutter diese Interessen als „Quatsch" bezeichnet. So arbeitet er in den Ferien als Verkäufer oder Vertreter in einer Tapetenfirma und hat Freude daran, die Kunden bei der Ausgestaltung der Räume zu beraten. Da der Großvater Kunstmaler war, liegt ihm diese gestaltende Aufgabe besonders.

VIII. Soziale Aktivität

1. Vorbereitung auf die künftige Stellung in der Gesellschaft

Zu den Fragen der Lebensgestaltung zählt nicht zuletzt die Teilnahme der Jugendlichen am gesellschaftlichen Leben als Mitglieder von Organisationen, Gruppen oder Vereinigungen der verschiedensten Art. In Übereinstimmung mit dem allgemein bekannten Bild geringer Beteiligung der Jugend an Organisationen waren auch nur 14 vH der in der Kleinstadt und 40 vH der in der Großstadt erfaßten Jugendlichen zur

Zeit der Befragung Mitglieder einer Gruppe oder Vereinigung. Der Unterschied im Grad des Organisiertseins in Klein- und Großstadt hängt mit der zum Teil ländlichen Umgebung der Kleinstadtjugend zusammen, die ihr kaum eine Gelegenheit zur Beteiligung an Gruppen bietet. Wichtig erscheint die Feststellung, daß ein großer Teil dieser Jugendlichen früher zu Jugendgruppen gehörte, diese Mitgliedschaft inzwischen jedoch aus verschiedenen Gründen aufgegeben hatte. In der Kleinstadt war das fast die Hälfte (47 vH), in der Großstadt mehr als ein Drittel (37 vH), während ein etwas geringerer Teil — in der Kleinstadt 39 vH und 23 vH in der Großstadt — weder früher noch zur Zeit dieser Untersuchung einer Gruppe angehörte.

Die Mitgliedschaft in Organisationen und Vereinen ist nicht die einzige Ausdrucksform einer Bereitschaft zur Teilnahme am öffentlichen und sozialen Leben, sie ist jedoch einer der Wege zur Vorbereitung des heranwachsenden Menschen auf seine Stellung in Gesellschaft und Staat, sei es, daß er hier lernt, sich einer Gemeinschaft einzuordnen, sei es, daß er sich daran gewöhnt, bestimmte Aufgaben in dieser Gemeinschaft zu erfüllen.

Da diese Zahl der ehemaligen Mitglieder von Jugendgruppen und -organisationen in Groß- und Kleinstadt zwar unterschiedlich, im Grunde aber an beiden Orten auffallend hoch ist, sind die Hintergründe dieser Erscheinung näher untersucht worden.

Zunächst bestätigt dieser Anteil der ehemaligen Gruppenmitglieder die Feststellung von Schelsky[10], daß die Zugehörigkeit zu Jugendorganisationen bei Jungen mit dem 20./21. Lebensjahr, bei Mädchen bereits früher abzusinken pflegt. Abgesehen von dieser allgemein beobachteten Organisationsmüdigkeit der in dieser Studie untersuchten Altersgruppe kann nach den Feststellungen über die dem Jugendlichen verbleibende Freizeit ein echter Zeitmangel als Grund für deren Abwandern aus den Jugendgruppen angenommen werden. Diese Vermutung wird bestärkt durch das ebenfalls beobachtete Interesse an Fortbildungsmöglichkeiten bei doch immerhin etwa der Hälfte der Jugendlichen, *so daß das Streben nach Weiterbildung im Interesse der beruflichen Zukunft mit der sozialen Vorbereitung der Heranwachsenden konkurriert.*

Dreiviertel der Jugendlichen, die keiner Gruppe angehören, haben weniger als 4 Stunden oder eine nicht genau bestimmbare, geringere Stundenzahl an freier Zeit; von denen, die wohl früher, zur Zeit der Befragung aber nicht mehr, in einer Gruppe waren, sind es sogar Vierfünftel, deren Freizeit so knapp ist. Allerdings ist die freie Zeit der in einer Gruppe aktiven Jugendlichen auch kaum länger: die Hälfte hat bis

---

[10] *Schelsky*, H.: Die skeptische Generation, Düsseldorf-Köln 1957, S. 465.

zu vier Stunden täglich für sich, ein Fünftel kann keine genauen Angaben machen.

Rund die Hälfte der Jugendlichen, und zwar solche, die früher oder die zur Zeit der Untersuchung in Jugendgruppen aktiv tätig waren, sprachen von ihrem Interesse an dieser Gruppe, wobei dieses Interesse — wenn auch mit unterschiedlichem Gewicht — in einer Mischung aus Freude an der Sache und Nützlichkeitserwägungen besteht.

Die Jugendlichen, die in einer Gruppe aktiv sind, gehören häufig einer weiteren oder mehreren sich meist ergänzenden Gruppen an.

In den Unterhaltungen mit den Jugendlichen wie mit ihren Eltern kam das Gespräch natürlich auch auf die Motive einer Beteiligung an Jugendorganisationen und Gruppen. Die Antworten auf diese offenen Fragen lassen sich nicht sinnvoll quantifizieren; es wurden ebenso viele Jugendliche angetroffen, die zur Zeit oder früher aus echtem Interesse mitmachen oder mitgemacht hatten (etwa ein Drittel), wie solche, die nichts zu diesem Punkt zu sagen wußten. Es wurden ebenso die bekannten „Karteileichen" wie echt Begeisterte gefunden. Man arbeitet in einer politischen Partei oder einer Gewerkschaftsgruppe sowohl aus Interesse oder um sich ein Urteil zu bilden, als auch aus Zweckmäßigkeitsgründen mit; man ist ebensooft in einer kirchlichen Jugendgruppe aus Rücksicht auf das Elternhaus oder die Gepflogenheiten der Umwelt, wie man aus eigenem Antrieb mitmacht — dies vor allem dann, wenn es konkrete, überschaubare Aufgaben zu lösen gibt.

Die nachstehende Übersicht soll einen Eindruck von den am häufigsten vorkommenden Kombinationen der Mitgliedschaft in mehreren Gruppen und den im Gespräch mit den Jugendlichen festgehaltenen Beweggründen für eine Beteiligung geben:

Beruf/Alter	Freizeit:	Mitglied in:	Kommentar:
Schülerin 19 Jahre	„Keine Freizeit"	a) Schwimmverein b) Kirchl. Gruppe	a) Besuch der Übungsstunden u. Training regelmäßig b) keine Zeit für aktive Mitarbeit
Schüler 20 Jahre	„zurzeit keine Freizeit"	Kirchl. Gruppe	Besuch zweimal in der Woche; Mutter: „Er lernt auch sonntags für die Schule"
Schülerin 18 Jahre	„keine Freizeit"	a) Kirchl. Gruppe b) Jugendorchester	a) „Die Eltern haben mich in die kirchl. Gruppe hingebracht, jetzt kann ich die Leute nicht im Stich lassen"
Schülerin 17 Jahre	2 Std.	a) Kirchl. Gruppe b) Schulorchester	a) „Rücksicht auf das Elternhaus" b) „muß es aufgeben, weil es zuviel Zeit kostet"

Beruf/Alter	Freizeit:	Mitglied in:	Kommentar:
Kaufm. Angest. 19 Jahre	4—5 Std.	Kirchl. Gruppe	„Weil der Vater im Kirchendienst steht, aus eigenem Antrieb nicht"
Kaufm. Lehrling 18 Jahre	4 Std.	a) Sportverein, aktiv b) Gewerkschaft nicht aktiv c) früher: kirchl. Gruppe und Jugendorchester	a) „weil es Spaß macht zusammen mit den anderen"
Kaufm. Lehrling 21 Jahre	3 Std.	a) Kirchl. Gruppe b) Kirchenchor c) früher: Schwimmverein	a) und b): aus Freude an der Sache c) leider keine Zeit mehr
Kaufm. Lehrling 21 Jahre	3—4 Std.	a) Kirchl. Gruppe b) Sportverein	a) Tradition in Familie und Schule b) „um Rudern zu lernen"
Kaufm. Lehrling 19 Jahre	3. Std.	Stenoverein	„mit Rücksicht auf mein berufliches Fortkommen"
Kaufm. Lehrling 21 Jahre	2 Std.	a) Kirchl. Gruppe b) Jazzklub	a) „Der Jugenddorfklub macht Freude" b) „weil ich am Jazz Spaß habe"
Kaufm. Lehrling 21 Jahre	4 Std.	a) Tennisklub b) früher: Kirchl. Gruppe	a) „Man hat öfter Gelegenheit zu Reisen ins Ausland; dies ist eine der besten Möglichkeiten, Kontakte zu gewinnen; es hat auch einen Wert, die anderen kennenzulernen"
Kaufm. Lehrling 19 Jahre	5 Std.	a) Kirchl. Gruppe b) Sportverein	a) Betätigung aus Idealismus b) „Sport ist notwendiger körperl. Ausgleich, er ist auch gemeinschaftsbildend"
Kaufm. Lehrling 19 Jahre	5 Std.	a) Sportverein b) früher: Schulchor	a) „Sport hält körperlich frisch, auch die Gemeinschaft ist sinnvoll; man kann auch am Wochenende zusammen Ausflüge machen"
Kaufm. Lehrling 21 Jahre	2 Std.	a) Yachtklub b) früher: Sportverein	a) „Ich kenne kaum einen Jungen, der sich nicht für Sport interessiert"

Beruf/Alter	Freizeit:	Mitglied in:	Kommentar:
Gewerbl. Lehrling 17 Jahre	2 Std.	a) Betriebsjugendgruppe b) Stenoverein c) früher: Kirchl. Jugendgruppe	a) „in der Freizeit ist körperl. Betätigung nötig, wir haben auch Spaß am Volkstanz"; b) „als junger Mensch sieht man, was es so gibt und wo man sich ranhalten kann"
Arbeiter 20 Jahre	4 bis 5 Std.	a) Kirchl. Gruppe b) Sportverein	kein Kommentar
Arbeiterin 19 Jahre	4 Std.	a) Sportverein b) früher: Chor	a) aus Freude am Sport
Arbeiter 19 Jahre	6 Std.	a) Betriebsjugendgruppe b) Gewerkschaft nicht aktiv c) Sportverein aktiv	c) „Ich bin im Rugbyverein, weil mein Vater auch Rugby spielt; er wollte mich von der Straße weghaben, um nicht herumzulungern. Ich soll keinem auf den Wecker fallen, jetzt sieht man mich kaum zu Hause"
Arbeiter 17 Jahre	6 Std.	a) Betriebsjugendgruppe b) Gewerkschaft nicht aktiv c) früher: im Ruderklub des Vaters	kein Kommentar
Anlernling 17 Jahre	5 Std.	a) Betriebsjugendgruppe b) Gewerkschaft aktiv c) freireligiöse Jugendgruppe d) früher: Turnverein	a) „Möglichkeit zu Sport, was Spaß macht" b) und c) „heute habe ich vorwiegend politisch-wirtschaftspolitische und musische Interessen"
Facharbeiter 20 Jahre	5 Std.	a) Betriebsjugendgruppe b) Skiffle-Band-Group c) Gewerkschaft nicht aktiv d) ADAC e) früher: Sportverein f) außerdem früher: Jugendgruppe einer polit. Partei	b) „in der Band bin ich aus Liebhaberei, wir üben zweimal wöchentlich und treten bei öffentlichen Jugendveranstaltungen auf"

2. Pflichten gegenüber dem Staat

Im Verlauf der Unterhaltung über die beruflichen Zukunftspläne kam auch die Frage des von den Jungen dieser Altersgruppe in absehbarer Zeit abzuleistenden Wehrdienstes zur Sprache. Zwei Drittel (41) der 67 Jungen, die sich zu diesem Punkt äußerten, haben bereits konkrete Vorstellungen, in welchem Teil der Bundeswehr sie diese Ausbildung absolvieren möchten, sie beschäftigen sich auch mit dieser Frage, beurteilen diese Zeit aber lediglich als Verlust an Einkommen oder Fortkommensmöglichkeiten; 9 dagegen werten die Wehrdienstzeit als eine Förderung ihrer beruflichen Zukunft, indem sie hoffen, für ihren Beruf zusätzliche Kenntnisse zu erwerben oder sogar im Rahmen der Bundeswehr ihren Beruf zu finden. 11 der 67 Jungen richten sich bei ihren Zukunftsplänen ohne jegliche Wertung auf diese Zeit ein; 5 hatten sich noch keine Gedanken darüber gemacht, und einer erklärte geradeheraus, er weigere sich, den Wehrdienst abzuleisten — „ich habe einen guten Juristen an der Hand" —. Gründe für diesen Entschluß nannte er nicht. Diese Einstellung stimmt aber mit seinen gesamten Beziehungen zu seiner Umwelt überein, ist also offensichtlich in seiner persönlichen Haltung begründet. Einige der Jungen hegen anscheinend den Plan, dieser von ihnen als Einkommensverlust beurteilten Pflicht durch den Hinweis auf gesundheitliche Schäden auszuweichen.

Insgesamt betrachtet, wird der Wehrdienst bis auf eine Ausnahme als Verpflichtung gegenüber dem Staat anerkannt und — wenn auch meist ohne Begeisterung — bei den Zukunftsplänen berücksichtigt.

IX. Einflüsse auf die Lebensgestaltung der Heranwachsenden

In verschiedenstem Zusammenhang sind die Einflüsse der Familie oder der Umwelt auf die derzeitige oder die künftige Lebensgestaltung der Jugendlichen beobachtet worden. Fast drei Viertel der Heranwachsenden sehen in den Eltern bzw. in der Mutter oder dem Vater ihre Ratgeber in allgemeinen Fragen und Problemen, jeder fünfte sucht den Rat vorwiegend bei anderen älteren Menschen oder gleichaltrigen Geschwistern, Freunden oder Kameraden; jeder zehnte glaubt, ohne eine Aussprache mit anderen Menschen auszukommen.

Bei der konkreten Frage der Berufswahl geht der elterliche Einfluß zurück: nur knapp ein Drittel der Jugendlichen orientiert sich am Rat der Eltern oder fügt sich — mehr oder minder freiwillig — deren Wunsch. Jeder fünfte richtet sich nach dem Rat anderer Menschen mit Lebenserfahrung oder Gleichaltriger, jeder dritte hat seine Berufswahl nach eigenem Entschluß getroffen.

Noch geringer wird der — bei der Berufswahl oft bewußt von den Eltern zurückgestellte — Einfluß der Familie dort, wo der Heranwachsende die „Freundin" oder den „Freund" (d. h. des anderen Geschlechtes) kennenlernt. Von den Jugendlichen, die bereits eine solche Beziehung zum anderen Geschlecht haben, lernte nur jeder fünfte das Mädchen oder den Jungen im Kreise der Familie, zwei Fünftel dagegen in der beruflichen Umgebung oder in einer Gruppe, also auf Grund gleicher

Interessen, und weitere zwei Fünftel bei anderen, mehr zufälligen Gelegenheiten kennen.

Der Einfluß der Freunde und Kameraden auf kurzfristige Pläne und Wünsche ist aber größer, als die Jugendlichen es selbst wahr haben wollen; im Zusammenhang mit den Konsumwünschen, vor allem hinsichtlich des demonstrativen Verbrauchs, und geplanten Anschaffungen dieser Art konnte das festgestellt werden. Bis auf Ausnahmen wiesen die Jugendlichen die im Gespräch geäußerte Vermutung, sie richteten sich wohl nach den Anschaffungen der Freunde, teils sehr energisch zurück; geht man aber die Listen der Gegenstände durch, die sie haben oder die sie sich dringend wünschen (z. B. Kofferradio, Plattenspieler, Fotoapparat, Moped u. dgl.), so sind es meistens die gleichen Dinge, von denen sie bei anderer Gelegenheit berichten, daß ihre Freunde sie bereits besitzen.

Im Einklang mit diesem Nicht-Bewußtsein der von außen auf sie wirkenden Einflüsse, vor allem der Gleichaltrigen, steht auch der relativ geringe Anteil der jungen Leute — nur ein Drittel —, die berichten, sich in ihrer Freizeitverwendung nach ihren Freunden zu richten, während die meisten einen erheblichen Teil dieser Freizeit mit den Freunden außerhalb des Elternhauses verbringen.

Dennoch nimmt sich ein relativ großer Teil dieser jungen Leute das wirtschaftliche Verhalten der Eltern und das Familienleben im Elternhaus zum Vorbild für die künftige Gestaltung des eigenen Lebens. Allerdings unterscheiden sich die Urteile der Jungen und Mädchen etwas in dieser Hinsicht:
— 40 vH der Jungen und 53 vH der Mädchen wollen ihr künftiges eigenes Leben so einrichten, wie sie es im Elternhaus kennenlernten,
— 50 vH der Jungen und 37 vH der Mädchen betonen, ihr Leben „ganz anders" oder „etwas anders" — also in bewußtem Gegensatz zum Elternhaus — gestalten zu wollen, wobei das Elternhaus jedoch immer noch als Maßstab anerkannt wird,
— 10 vH der Jungen und ebenfalls 10 vH der Mädchen meinen, das Elternhaus spiele in diesem Zusammenhang keine Rolle, sie würden sich ihr Leben unabhängig und selbständig einrichten.

Die in dieser Untersuchung erfaßten Heranwachsenden stehen in dem Alter, in dem man beginnt, sich ein eigenes Urteil zu bilden, die Eltern kritisch zu betrachten und „alles besser zu wissen". In diesem Stadium ist es natürlich, daß die jungen Leute sich in täglichen Fragen unabhängig von den Eltern, oft in Widerspruch zu ihnen, nach den Altersgenossen richten.

Ein großer Teil der befragten Heranwachsenden wendet sich jedoch in grundsätzlichen Fragen und Problemen weiter an die Eltern und nimmt sie auch, wenn auch nicht unbesehen und kritiklos, zum Maßstab ihrer künftigen Lebensführung. Zieht man in Betracht, daß diese Jugendlichen dann, wenn sie in einigen Jahren über eigene Lebenserfahrungen verfügen, auch dem Elternhaus gegenüber toleranter sind, *so läßt sich aus diesen Beobachtungen der Schluß ziehen, daß der Einfluß der Familie auf die folgende Generation durchaus wirksam ist.*

X. Familienbilder

Die auf der Untersuchung beruhenden Aussagen zu den einzelnen Aspekten der Fragen können sich, wie zu Beginn bereits betont, nur auf die Beobachtung einiger, in den verschiedenen Zusammenhängen häufig wiederkehrender Feststellungen stützen, ohne den Anspruch auf Repräsentation zu erheben.

Im folgenden Abschnitt sind die Lebenslagebilder von sechs typischen Familien aufgezeichnet, die in ihrem äußeren Bild häufiger in der Untersuchung angetroffen wurden, die also nicht außergewöhnliche Situationen darstellen. Hierbei hat sich gezeigt, daß weder wirtschaftliche Verhältnisse noch die familiäre Situation allein ausschlaggebend für Lebensgestaltung und Lebensplanung der Jugendlichen sind. Wir haben vielmehr vollständige Familien mit völlig unterschiedlichen Verhältnissen gefunden, obgleich die äußeren Merkmale ziemlich genau übereinstimmen; auch wurden ebenso unvollständige Familien angetroffen, in denen der Zusammenhalt außergewöhnlich gut, die Zukunftserwartungen trotz gegenwärtig bedrängter Wirtschaftslage ausgesprochen optimistisch sind — wie solche, die in ihrem Schicksal resignieren oder sich gar in einem Auflösungsprozeß befinden. Deshalb ist es kaum möglich, ein Schema für die Ergebnisse aufzustellen, auch eine noch so umfangreiche Enquete kann voraussichtlich kaum repräsentative Ergebnisse bringen, denn es kommt in allen Fällen auf die Menschen und ihre Beziehungen zueinander an.

1. Schülerin Ute, 17 Jahre (Nr. 14)

Vollständige Familie in der Großstadt

Vater (54) akademischer Lehrer

Mutter (52) Hausfrau, früher Musikerin

zwei Kinder; die ältere Schwester (19) steht in der Ausbildung, um Lehrerin zu werden.

Großvater: väterlicherseits: Beamter

mütterlicherseits: Lehrer

Die Familie bewohnt eine Vierzimmerwohnung mit Komfort und Garten im Vorort; zu den Hausbewohnern werden gute Beziehungen gepflegt, um die sonstigen Bewohner dieser Gegend kümmert man sich nicht. Die Wohnung ist mehr durch eine behagliche Atmosphäre als durch die Einrichtung gemütlich.

Ute kennt die Einkommensverhältnisse ihrer Eltern nicht; nach Auskunft der Mutter beträgt das Nettoeinkommen des Vaters mehr als 1200 DM im Monat. Es könnte mehr sein, wenn der Vater sich vielseitig bestätigen würde, doch zieht er es vor, sich mit wissenschaftlichen Fragen zu beschäftigen. Um jede Störung zu vermeiden, gibt es im Hause weder Telefon noch Schreibmaschine oder Auto.

Bei der künstlerischen Veranlagung der Mutter scheinen wirtschaftliche Fähigkeiten nicht besonders entwickelt zu sein, sie kann mit dem Geld nicht gut haushalten, so daß Anschaffungen kaum möglich sind; so kommt die Familie gerade mit dem Geld aus, ist aber mit dieser bescheidenen Lebensführung zufrieden. Die Mutter trägt die Lebensmittel in den Keller, weil das Geld nicht zum Kühlschrank reicht; sie verrichtet die Hausarbeit mit nur gelegentlicher Hilfe der Töchter im übrigen allein.

Ute richtet sich nach dem Rat ihrer Eltern in allgemeinen wie in beruflichen Fragen. Allerdings berichtet die Mutter, die Eltern hätten es lieber gesehen, wenn Ute nicht, wie beabsichtigt, Lehrerin werden sondern Musik studieren würde, „wir sagen es aber nicht, um keinen Einfluß auszuüben".

Feierabend und Wochenende werden im Familienkreis mit Lesen, Wandern, Musizieren und — selten — mit Radiohören verbracht; die Eltern bestimmen, welche Radioprogramme eingeschaltet werden.

Ute gehört einer kirchlichen Jugendgruppe an und ist im Schulorchester, sie hat aber keinen Kontakt — wie die Mutter sagt: — „mit Kreisen, wo sie nicht hingehört". Utes Freundinnen und Freunde stammen aus den gleichen Kreisen, sie sind viel im Hause, so daß die Eltern sie kennen; „sie fühlen sich bei uns wohler als zu Hause", meint die Mutter. Das Mädchen fügt sich, einfach, aber modern und geschmackvoll gekleidet, von höflichem Benehmen, intelligent und vielseitig interessiert, mit bescheidenen Ansprüchen (Taschengeld: 10 DM im Monat), in den Rahmen der Familie ein. Der Lebensstandard der Familie ist etwas gestiegen, doch werden größere finanzielle Möglichkeiten nicht für höheren Konsum, sondern für die Erfüllung kultureller Wünsche und für eine gute Ausbildung der Kinder verwendet.

Die Familie und ihre Tradition sind von großer Bedeutung für Denken und Vorstellungswelt der Tochter, alles ist hier ganz selbstverständlich, „die Eltern bezahlen alles und kümmern sich auch sonst um alles, so ist es klar, daß wir sie fragen und alles mit ihnen besprechen".

2. Kaufmännische Angestellte, Maria, 19 Jahre (Nr. 124)

Vollständige Familie in der Kleinstadt

Vater (50) im Kirchendienst einer Sekte
Mutter — zweite Mutter — (38) Hausfrau, bis zur Heirat Büroangestellte
fünf Kinder, Maria ist die älteste.
Großvater väterlicherseits: Eisenbahner
mütterlicherseits: Handwerksmeister
Die Familie bewohnt eine Sechszimmer-Dienstwohnung in der Innenstadt, wo vorwiegend Handwerker und Ärzte wohnen, man kennt die Bewohner dieser Gegend jedoch kaum.

In Übereinstimmung mit der Auskunft der Eltern nennt Maria das Familieneinkommen mit etwa 800 DM im Monat bei mietfreier Dienstwohnung. Trotz der großen Familie meint sie, daß es ihnen wirtschaftlich gut geht, die Mutter allerdings berichtet, man müsse sich doch erheblich einrichten. Die Lebensverhältnisse sind in den letzten Jahren ziemlich unverändert geblieben.

Maria verdient selbst 200 DM im Monat (netto) und gibt 50 DM als Kostgeld ab. Den Rest von 150 DM verbraucht sie ziemlich planlos für Kleidung, Kosmetika, Ausstattung ihres Zimmers, etwas wird auch für die Aussteuer gespart. Die Freundinnen und Kollegen müssen mehr Kostgeld abgeben, verwenden aber das ihnen zur Verfügung bleibende Geld ebenfalls vorwiegend für Garderobe.

Trotz des relativ geringen Familieneinkommens (bei 7 Personen) sind in den letzten Jahren ein Auto, eine Waschmaschine mit Schleuder, ein Staubsauger und ein Küchenmixer angeschafft worden, ein Kühlschrank soll demnächst gekauft werden. Die Familie ist also recht konsumfreudig.

Für die Berufswahl Marias war das Vorbild ihrer Freundinnen entscheidend, in anderen Fragen berät sie sich gelegentlich auch mit der Mutter. Sie wollte ursprünglich Verkäuferin werden, doch hat der Vater unter Hinweis auf die geringe Bezahlung davor gewarnt. Maria ist mit ihrem Beruf zufrieden und besucht zusätzliche Korrespondenzkurse im Betrieb, um einen interessanteren Posten zu bekommen. Ihr Weiterkommen hängt nach Ansicht der Mutter ganz davon ab, ob sie etwas für ihre Fortbildung tut, was der Fall zu sein scheint.

In der Freizeit hilft Maria ihrer Mutter beim Geschirrspülen und wäscht an jedem Sonnabend die Wäsche der ganzen Familie, weil es ihr „ziemlich Spaß macht". An anderen Interessen weiß sie nur Kurzgeschichten und Stricken zu nennen, bei schönem Wetter geht sie abends allein (?) spazieren. Seitens der Eltern scheint sie nicht viele Anregungen zu erhalten; außer Kirchgang kann die Mutter nur eine Illustrierte und eine populäre Aufsatzsammlung nennen; nach Freizeitvorhaben der Familie gefragt, meint sie „eigentlich nichts Besonderes"...

Am Sonntag und zweimal in der Woche muß Maria mit Rücksicht auf die Stellung des Vaters zum Gottesdienst, in eine Bibelstunde und in eine Jugendstunde gehen, aus dem gleichen Grunde ist sie zur Mitgliedschaft in einer kirchlichen Jugendgruppe verpflichtet, sie beteiligt sich an diesen Dingen mit offensichtlichem Widerstreben. Ihre eigenen Interessen sind: Fortbildung im Beruf, um weiterzukommen, Volksmusik und Schlager hören (Radio ist zu Hause nicht gestattet), heimliche Kinobesuche. Den Besuch von Tanzveranstaltungen hat der Vater ebenfalls verboten.

Obgleich diese Familie auf den ersten Blick den Anschein eines harmonischen Familienlebens bietet, haben die Mitglieder nur wenig Kontakt miteinander. Die Mutter äußert selbst die Besorgnis, als „zweite Mutter" die Tochter durch ihre Strenge abgestoßen zu haben. Maria hat jetzt kaum noch Freundinnen, da sie sich nicht an deren Vorhaben beteiligen darf, sie fühlt sich aber unter den Kollegen wohl, „sie sind alle sehr nett" — die Mutter dagegen kritisiert den „schlechten Einfluß der Arbeitsumgebung" auf die Tochter.

Maria geht gut und geschmackvoll angezogen — „zu modern", meint die Mutter —, im Gespräch ist sie höflich und zuvorkommend und macht den Eindruck eines einfachen, netten und unkomplizierten Mädchens, das sich nach Fröhlichkeit sehnt, die sie aber nie so wie die anderen jungen Mädchen haben kann. Sie fügt sich äußerlich dem Zwang des Elternhauses, ist hier aber nicht glücklich, sondern sträubt sich innerlich gegen die kirchlich gegebene Strenge der Lebensführung. Ihre einzige Hoffnung richtet sich auf eine in Aussicht stehende Versetzung des Vaters an einen anderen Ort. Dann will sie in dieser Stadt bleiben und ihr Leben selbständig ganz anders gestalten. Sie wird die größere Freiheit dann zur beruflichen und allgemeinen Weiterbildung nutzen. Eine Verbesserung der Lebensverhältnisse der Familie dagegen wäre niemals ihr, sondern nur der beruflichen Ausbildung ihrer jüngeren Brüder zugute gekommen.

3. Kaufmännischer Lehrling Herbert, 21 Jahre *(Nr. 53)*

V o l l s t ä n d i g e F a m i l i e i n d e r G r o ß s t a d t

V a t e r (58) Werkmeister

M u t t e r (55) Hausfrau

keine Geschwister

G r o ß v a t e r v ä t e r l i c h e r s e i t s : Buchbinder

m ü t t e r l i c h e r s e i t s : Schneidermeister

Die Familie bewohnt eine Dreizimmerwohnung mit Komfort, in der Herbert sein eigenes Zimmer hat. Das Familieneinkommen erreicht etwa 1000 DM im Monat. Herbert gibt von seiner Lehrlingsvergütung von 150 DM kein Kostgeld ab, er verwendet dieses Geld neben Sparen für ein späteres Studium, für Möbel zur weiteren Ausstattung seines Zimmers und für Reisen.

Weder in allgemeinen Fragen noch bei seinen beruflichen Plänen zieht er seine Eltern zu Rate, seine Lehrstelle hat er auch aus eigener Initiative gefunden. Herbert lernt in dieser Zeit vor allem Sprachen (Französisch, Englisch und Russisch) und beabsichtigt, nach Lehrabschluß Volkswirtschaft zu studieren. Die Zukunftspläne werden konsequent verfolgt; die Lehre sagt Herbert zwar gar nicht zu, dennoch stellt er sich im Interesse beruflicher Vorteile gut mit seinen Vorgesetzten, mit den Kollegen kommt er gut aus. Von seinem endgültigen Beruf — Diplomatenlaufbahn — erhofft er sich vor allem ein hohes und sicheres Einkommen und Chancen beruflichen Aufstiegs. Das gesamte Leben ist schon auf dieses Ziel eingestellt, selbst über Garderobenvorschriften zeigt Herbert sich bestens informiert: Er wünscht „elegant, aber nicht zu modisch" und bei besonderen Anlässen „nach der vorgeschriebenen Etikette" gekleidet zu sein.

Seine Freundin, eine Oberprimanerin, stammt „aus akademischen Kreisen"; soweit er nicht mit ihr ausgeht — „viel Tanzen" — oder im Turniertanzverein bzw. im Dolmetscherverband beschäftigt ist, verbringt er seine Freizeit allein in seinem Zimmer. Das Wochenende pflegt er außerhalb des Elternhauses zu verleben.

Herbert selbst bemüht sich, „eine gepflegte Erscheinung" darzustellen, mit Locken und großem Siegelring, er ist auch bemüht, sich gut zu benehmen. Alles an ihm ist überlegt, aber ein wenig steif; er möchte vornehm wirken, doch fehlt ihm jegliche Sicherheit, so daß er einen mehr lächerlichen Eindruck erweckt. Seine Konsumwünsche sind zwar mit den finanziellen Verhältnissen seines Elternhauses vereinbar, seine Berufspläne gehen aber über das Niveau der Familie hinaus, und diese Familie erscheint ihm selbst als in seinen Berufsplänen hinderlich. Herbert schämt sich offensichtlich seiner Eltern.

So hat der gestiegene Lebensstandard dieser Familie dem Sohn zwar zu einer äußerlich guten Ausbildung und Bildung verholfen, andererseits aber zu einer völligen Entfremdung zwischen Eltern und Sohn geführt.

4. Arbeiterin Margarete, 20 Jahre (Nr. 13)

Eltern und Tochter leben getrennt in der Großstadt
Vater (44) Zimmermann
Mutter (46) jetzt Hausfrau, früher Arbeiterin
Margarete ist das einzige Kind
Beide Großväter waren Arbeiter.

Die Familie stammt aus Ostpreußen; bei Kriegsende wurde Margarete, damals 5 Jahre alt, von ihren Eltern getrennt und ist erst 1957 aus Allenstein hierher gekommen, so daß sie bei der Ankunft nur polnisch sprach.

Als die Familie aufgesucht wurde, erklärte die Mutter, die Tochter wohne nicht hier sondern bei der Großmutter; sie konnte wohl die Straße, nicht aber die Hausnummer angeben.

Margarete lebt mit der Großmutter zusammen in einem kleinen Zimmer zur Untermiete. Sie kennt niemand aus dem Hause oder der Umgebung und hat auch keine Freundin.

Die Rente der Großmutter beträgt monatlich 130 DM, das Mädchen verdient etwas über 250 DM und gibt der Großmutter davon wöchentlich 20 DM für Wohnung und Kostgeld, freiwillig zahlt sie gelegentlich noch 10 DM.

Während die Großmutter als Heimatvertriebene ihrem Zuhause mit Garten nachtrauert und insofern eine Verschlechterung ihrer Verhältnisse auch gegenüber der ersten Nachkriegszeit feststellt, als sie damals durch Näharbeiten etwas hinzuverdienen konnte, betrachtet das Mädchen seine derzeitige Situation natürlich als eine Verbesserung der Lebenshaltung. Von der Zukunft erwarten beide in ihrer Passivität keine positive Veränderung.

Außer der Großmutter, die auch beim Interview nur schwer dem Gespräch folgen konnte, hat das Mädchen nur noch eine Tante am Ort, die sie gelegentlich um einen Rat fragt. Der Arbeitsplatz wurde durch Zufall gefunden. Mit der Arbeit ist sie zufrieden, vor allem, weil der Meister freundlich zu ihr ist; zu den Kollegen besteht kein Kontakt.

Zukunftspläne beruflicher oder familiärer Art sind nicht vorhanden; Margarete ist zufrieden, wenn sie eine nicht zu anstrengende Arbeit und ein sicheres Einkommen hat.

In der Freizeit hilft sie der Großmutter, hört Radio, geht abends häufiger mit Bekannten aus, am liebsten zu Wildwestfilmen ins Kino. Am Sonntag wird der Gottesdienst besucht. An Lektüre nennt sie die Bildzeitung und einige Illustrierte. Ein Radio- und ein Fotoapparat sind vorhanden, weitere Wünsche richten sich auf einen Fernsehapparat und Möbel.

Die äußere Erscheinung Margaretes steht im Kontrast zu ihrem Auftreten: in hochmoderner Kleidung, mit höchsten Absätzen und langen Haaren kommt sie von der Arbeit. Im Gespräch gibt sie sich zögernd und gehemmt, aber bereitwillig; ihre Umgangsformen sind durchschnittlich, durch gewisse Hemmungen wirkt sie ruhig und bescheiden.

Infolge der Trennung von den Eltern und durch das Aufwachsen in polnischer Umgebung hat das Mädchen den Kontakt zu den Eltern verloren, zumal die Mutter sie bei der Ankunft aus dem polnisch besetzten Gebiet nicht aufnehmen wollte. Ihr Vater hatte noch einen Beruf erlernt, sie aber verspürt keine Lust zu irgendeiner Fortbildung. Aus diesem Mädchen könnte auch bei einer Besserung der äußeren Verhältnisse nichts anderes als eine Hilfsarbeiterin werden. Ein höheres Einkommen würde lediglich zu einem Mehr an Verbrauch von Vergnügungs- und Unterhaltungsdingen führen. Eine Familie, die vollständig sein könnte, ist durch Zeitereignisse zerstört, auch nachdem sie äußerlich wieder zusammengefunden hat.

5. Arbeiter Jacob, 20 Jahre (Nr. 138)

Unvollständige, heimatvertriebene Bauernfamilie
Vater (51) vermißt, Landwirt
Mutter (50) Bäuerin, jetzt Hausfrau und Rentnerin
Jakob ist das 4. von 5 Kindern
Großvater väterlicherseits: Landwirt
mütterlicherseits: Landwirt und Müller

Die Familie ist 1940 von Bessarabien nach Westpreußen ausgesiedelt, von dort bei Kriegsende geflohen, nach Dänemark und später in Lager in Niedersachsen gebracht worden, bis sie 1952 in der Heimat der Mutter nahe der Kleinstadt wieder seßhaft werden konnte. Hier bewohnt sie eine gut ausgebaute Baracke auf eigenem Grundstück mit 6 Zimmern, Keller und Garten. Jakob teilt ein Zimmer mit seinem Bruder.

Das Familieneinkommen macht zusammen mit den verschiedenen Renten 1100 DM im Monat aus. Jakob verdient zwischen 320 bis 340 DM im Monat (netto) und gibt der Mutter ein Kostgeld von 60 DM ab. Die ihm verbleibenden 260 bis 280 DM verwendet er nach Abzug der Ausgaben für Kleidung, Benzin und der Prämie für die Bausparkasse nach eigenem Gutdünken. In Übereinstimmung mit den Anschaffungen seiner Freunde hat er sich bereits ein Motorrad, Kofferradio, einen Plattenspieler und einen Fotoapparat gekauft. Das Motorrad wird auch für die Fahrt zur Arbeit, vor allem aber zum abendlichen Vergnügen des „Herumfahrens" gebraucht. Die Anschaffungswünsche und -pläne der Mutter und der noch im Hause lebenden Geschwister dagegen richten sich auf den weiteren Ausbau und die Einrichtung des aus der Baracke umgebauten Eigenheimes.

Jakob geht seinen eigenen Weg, er fragt niemand um Rat und nimmt auch keinen Rat an, „da bin ich mein eigener Mann, bis jetzt habe ich noch niemand gebraucht". Die auf Wunsch der Mutter begonnene Eisenbahnerlehre wurde ein halbes Jahr vor dem Abschluß abgebrochen, er wanderte nach Kanada aus; dort fand er keine Arbeit, als er von der Farm in die Fabrik hinüberwechseln wollte, so kehrte er nach Deutschland zurück und wurde Hilfsarbeiter. Die Mutter ist mit dieser Entwicklung keineswegs einverstanden, aber machtlos, sie meint „man weiß nicht, was dabei noch herauskommen wird". Sie ist ausgesprochen bedrückt über diesen sozialen Abstieg des Sohnes, „wir können uns zu nichts zählen, hatten früher einen Hof, jetzt haben wir nichts mehr; früher war ich Bäuerin, jetzt bin ich Rentnerin". An finanziellen Möglichkeiten zur Berufsausbildung hat es für Jakob nicht gefehlt, es fehlt auch jetzt nicht daran, wie das Familieneinkommen von 1100 DM bei 5 Einkommensbeziehern und ebenfalls 5 Verbrauchern zeigt. Die anderen Geschwister sind auch „besser geraten": die beiden älteren Schwestern haben Landwirte geheiratet, der 23jährige Bruder hat eine gute Stellung als Schweizer — „der Bruder ist sehr ausgeglichen und ruhig", meint die Mutter, — die jüngeren Schwestern sind Verkäuferin bzw. Schneiderlehrling.

In diesem Fall ist der Lebensstandard zwar in materieller wie in sozialer Hinsicht gesunken, es liegt jedoch bei Jakob daran, daß die väterliche Autorität bei seiner Erziehung gefehlt hat und die Mutter sich unter den schwierigen Lebensumständen nicht bei ihm durchsetzen konnte. Die Differenzen zwischen Mutter und Sohn reichen von Berufsplänen und dem Geschmack in Kleidungsfragen — „Blue Jeans sind entsetzlich", sagt die Mutter — bis zur Lektüre („Heftchen") und Freizeitgestaltung. Eine Verbesserung der Lebensverhältnisse würde bei Jakob lediglich zu höherem Verbrauch an Konsumgütern führen.

6. Schüler Peter, 19 Jahre (Nr. 141)

Unvollständige Familie in der Kleinstadt
Vater (48) gefallen, Molkereidirektor
Mutter (48) Hausfrau, früher Büroangestellte
Peter ist das einzige Kind
Großvater väterlicherseits: Molkereibesitzer
mütterlicherseits: Technischer Kaufmann

Die Familie stammt aus Danzig; Peter ist in der Kleinstadt in einer unschönen Gegend bei einer alten, redseligen aber wenig reinlichen Frau in billiger Pension, um hier das Gymnasium zu besuchen. Die Mutter lebt bei Verwandten auf dem Lande, die sie unterstützen.

Mutter und Sohn beziehen zusammen eine Rente von 250 DM im Monat; davon werden Pension und Unterhalt des Sohnes bestritten; er bekommt ein Taschengeld von 15 DM im Monat, über das er genau abrechnen muß. Auch seine Wäsche und Schulartikel muß er von diesem Geld bezahlen.

Die Lebenshaltung hat sich naturgemäß gegenüber der Vorkriegszeit sehr verschlechtert, in den letzten zehn Jahren dagegen durch Rentenerhöhungen etwas gebessert. Für die Zukunft erhoffen Mutter und Sohn aus ihrer persönlichen Situation heraus die Überwindung der derzeitigen Notlage, „Mutter will aushalten, bis ich fertig bin, sie hat bisher nichts vom Leben gehabt und nur für mich gelebt", sagt Peter dazu.

In allen Fragen wendet er sich an seine Mutter, die so oft wie möglich zu ihm kommt. Auch seine beruflichen Pläne stehen im Einklang mit ihren Wünschen, er will studieren und Diplom-Ingenieur werden. Auf die Frage nach der beruflichen Tradition der Familie meint Peter zwar bitter: „was soll ich davon halten? Unsere Familie existiert doch gar nicht mehr", aber seine Berufswahl zeigt, daß er die berufliche Richtung seines Vaters und seiner Großväter beibehält.

Persönliche Verbrauchswünsche werden völlig hinter dem Ziel der Berufsausbildung zurückgestellt. Zur Frage nach der Verwendung des restlichen Taschengeldes sagt Peter: „es gibt keinen Rest" und zur Freizeit: „ich habe keine Freizeit", alle Zeit wird zum Lernen verwendet, denn „die Abitur-Vorbereitung strengt sehr an, und allmählich möchte ich doch fertig werden".

Peter ist Mitglied einer kirchlichen Jugendgruppe, hat jedoch keine Zeit für aktive Mitarbeit; am Training und an den Übungsstunden des Schwimmvereins dagegen nimmt er regelmäßig teil. Theater und Konzerte werden gerne besucht, wenn er Freikarten bekommt und das Programm gut ist; gelegentlich geht er auch ins Kino, „aber keine Schnulzen, der Film ‚Traumstraße der Welt' hat mir besonders gut gefallen". Von der Literatur, meist aus Volksbüchereien entliehen, interessieren Dostojewskij, Gogol und Tolstoi besonders. Anschaffungen? „Aus Geldmangel keine! Kommt nicht in Frage". Was er mit einem unverhofften Gewinn oder einem Geldgeschenk machen würde? „Der Mutter schicken", und die Verwendung des ersten selbstverdienten Geldes? „Mit der Mutter verreisen oder ihr eine andere Freude machen."

Peter ist ein typischer Fall für das ausgeprägte Streben vieler Heimatvertriebenen nach sozialem Wiederaufstieg durch eigene Leistung und für die enge Verbundenheit von Mutter und Kindern bei Fehlen des Vaters. Er schont seine Garderobe, hält sich ordentlich und gepflegt; die Umgangsformen sind ausgezeichnet, dabei natürlich und ungeziert. Der Gesamteindruck bietet das Bild eines durch das Schicksal früh gereiften, vernünftigen jungen Menschen, der weiß, was er will, der jede Verbesserung der Lebenslage zur beruflichen Qualifikation und zur Unterstützung seiner Mutter verwenden wird.

XI. Zusammenfassung

Die Untersuchung der Entwicklung des Lebensstandards in unseren Familien stimmt mit dem allgemeinen Bild überein, wenngleich die

Wohlstandsmehrung in den einzelnen Familien eine unterschiedliche ist: bis auf einige Ausnahmen ist die Lebenshaltung gestiegen.

Der zunehmende Wohlstand hat in unseren Familien — ebenfalls entsprechend der allgemeinen Beobachtung — zu gesteigerten Konsumwünschen geführt, die sich allerdings zu einem großen Teil auf die Ausgestaltung des Heimes richten.

Unsere Jugendlichen haben mit Ausnahme der sehr kurz gehaltenen Schüler und der gewerblichen Lehrlinge beachtliche Geldbeträge zur Verfügung, über deren Verwendung sie selbständig entscheiden. Auffallend viele der bereits recht gut verdienenden berufstätigen Jugendlichen geben zu Hause kein oder ein so geringes Kostgeld ab, daß sie in diesem Alter größere Beträge als ein gut verdienender Familienvater oder eine Hausfrau zur Erfüllung persönlicher Wünsche ausgeben können. Anscheinend finden die Eltern so nicht das richtige Mittelmaß zwischen übergroßer Strenge mit geringem Taschengeld und einer übertriebenen Großzügigkeit; die Folgen beider Extreme werden von Pädagogen mit Besorgnis beobachtet.

Ein relativ geringer Teil der Jugendlichen verbraucht dieses Geld planlos; erfreulich oft kommt das Sparen als besonders wichtiger Verwendungszweck allein oder in Verbindung mit anderen Verwendungsarten vor, wobei es sich allerdings meist um Zwecksparen handelt.

Der Jugendliche in der Kleinstadt spart zum größten Teil für familiäre Vorhaben — die Jungen sind Bausparer, die Mädchen sparen für die Aussteuer —, die Großstadtjugendlichen dagegen häufiger für eine weitere Berufsausbildung. Kinobesuche und ähnliche Vergnügen zählen zu den beliebten Vorhaben, doch interessieren die Jugendlichen sich unerwartet häufig für Theater und Konzerte. Mehr als ein Viertel der befragten Jugendlichen verwendet zudem einen Teil des Taschengeldes neben anderen Vorhaben für Fortbildungszwecke.

Die Jugendlichen aus Elternhäusern, in denen die wirtschaftliche Situation angespannt ist, verstehen besser mit ihrem Taschengeld hauszuhalten und teilen es vorsichtiger ein als diejenigen, in deren Zuhause aus dem Vollen gewirtschaftet wird oder deren Eltern trotz ausreichend vorhandener Mittel auch nicht wirtschaftlich veranlagt sind.

In der Rangliste der Dringlichkeiten der Wünsche, die die Jugendlichen sich bei größerer finanzieller Bewegungsfreiheit erfüllen würden, steht Sparen an erster und Fortbildung an mittlerer Stelle, was auf eine bewußte Planung ihrer familiären und beruflichen Zukunft schließen läßt.

In der Wahl ihrer derzeitigen Ausbildung bzw. ihres derzeitigen Berufes haben relativ viele unserer Jugendlichen selbständig entscheiden dürfen; das trifft in mindestens dem gleichen Umfang für Mädchen wie für Jungen zu.

Jugendliche aus Familien mit angespannten wirtschaftlichen Verhältnissen beschäftigen sich relativ häufiger mit weitergehenden Plänen für ihre berufliche Zukunft als Kinder aus Elternhäusern, in denen es keine wirtschaftlichen Probleme gibt — ihnen ist die Ausbildung oder berufliche Weiterbildungsmöglichkeit eine Selbstverständlichkeit, über die sie sich keine Gedanken machen — von der sie häufig auch keinen Gebrauch zu machen beabsichtigen.

Allerdings ist das Interesse für einen beruflichen Aufstieg, vor allem für eine höhere Schulbildung, in Arbeiterfamilien auch dort, wo die wirtschaftlichen Voraussetzungen gegeben wären, seltener anzutreffen. Eine weitere Verbesserung der Lebenshaltung würde nach unseren Beobachtungen in diesen Familien für gesteigerten Konsum, nicht jedoch für Ausbildungs- und Bildungszwecke verwendet werden.

Dagegen erkennen junge Leute oft nach einiger Zeit beruflicher Tätigkeit die Bedeutung einer weiteren Ausbildung für das berufliche Weiterkommen; so wurden mehrere Fälle beobachtet, in denen sie dann eine große Energie entwickeln, um im Beruf weiterzukommen oder etwas Neues neben ihrer Arbeit zu lernen.

Andererseits fehlt es bei einem Teil der Jugendlichen immer noch an ausreichender Information über berufliche und Ausbildungsmöglichkeiten; viele werden auch nicht angeleitet, sich mit ihrer beruflichen Zukunft zu beschäftigen.

Als besonderes Problem ist das Fehlen ausreichender Freizeit zutage getreten. Unsere Jugendlichen sind so überbeansprucht — vor allem die noch in einer Ausbildung befindlichen —, daß sie effektiv kaum Zeit haben, am gesellschaftlichen oder kulturellen Leben teilzunehmen und daß sie auch nur mit großer Energie etwas Zusätzliches für ihre Fortbildung tun können.

Unter den Fortbildungsinteressen der Jugendlichen spielen wider Erwarten technische Fächer nicht die überragende Rolle; allerdings klagten mehrere der jungen Leute über mangelnde Gelegenheit zur technischen Weiterbildung oder über eine Überfüllung der entsprechenden Kurse. Im Interesse der beruflichen Zukunft der Heranwachsenden positiv dagegen erscheint die verhältnismäßig große Zahl, die zusätzliche Sprachstudien treibt.

Die allgemeine Beobachtung einer allgemeinen Organisationsmüdigkeit, d. h. einer absinkenden Beteiligung an Jugendgruppen und -organisationen, in dieser Altersgruppe ist durch die Untersuchung bestätigt worden. Die Analyse der Einzelfälle hat ergeben, daß ein großer Teil früher Mitglied einer Jugendgruppe war, daß aber das Streben nach

Fort- oder Weiterbildung bei relativ geringer Freizeit oder der Einfluß von Freunden, mit denen man „abends draußen" ist, als Hauptgründe für diese Erscheinung anzusehen sind.

Die eingehenden Gespräche mit den Jugendlichen und den Eltern haben weiterhin ergeben, daß die Heranwachsenden sich zwar in täglichen Fragen, Anschaffungswünschen, Kleidung, Freizeitvorhaben und gelegentlich auch in beruflichen Fragen an Gleichaltrigen orientieren, daß sie jedoch in grundsätzlichen Problemen meistens ihre Eltern zu Rate ziehen und das Familienleben des Elternhauses — mit mehr oder weniger Variationen — zum Maßstab für die Gestaltung ihres zukünftigen Lebens nehmen.

Diskussion

Dr. Anne Beelitz:

Ich möchte in meinem Diskussionsbeitrag nicht nur auf grundsätzliche Fragen eingehen, sondern einige praktische Versuche nennen, die von seiten der Wirtschaft durchgeführt worden sind, um jungen Menschen Integrationshilfen zu geben. Die Wirtschaft hat eingesehen, daß es einerseits notwendig ist, den Jugendlichen vor dem Eintritt in die Arbeitswelt Orientierungs- und Entwicklungshilfen in der Schule zu vermitteln, daß sie zum anderen Eingliederungshilfen bei dem Eintritt in die Arbeitswelt und während der Berufstätigkeit benötigen. Aus dieser Einsicht heraus hat der Jugendausschuß der Bundesvereinigung der Deutschen Arbeitgeberverbände während seiner fast vierjährigen Tätigkeit acht Empfehlungen an seine Mitgliedsverbände und an die daran angeschlossenen Unternehmen gegeben. Diese Empfehlungen, als Hilfen gedacht, entstanden in Zusammenarbeit von Unternehmen, Ausbildungsbeauftragten, Geschäftsführern, Soziologen, Pädagogen und Sozialpädagogen, also nicht am grünen Tisch, sondern aufbauend auf Erfahrungen und Notwendigkeiten. Wir wollen damit dem jungen Menschen Bildungshilfen geben, Hilfen zum Selbstverständnis, zum Umweltverständnis, zum Weltverständnis.

Ich möchte kurz auf zwei dieser Empfehlungen eingehen und dabei vor allem die Orientierungshilfen erwähnen, die vor dem Eintritt in die Arbeitswelt gewährt werden sollten. Die grundsätzlichen Aussagen dazu sind in der Empfehlung zu finden: „Die Zusammenarbeit zwischen Schule und Wirtschaft im Dienst an der Jugend" (Mai 1959).

Wir wissen, daß die Wandlungen, die sich im Verlauf der technisch-industriellen Entwicklung in Wirtschaft und Gesellschaft vollzogen haben und vollziehen, es den meisten Menschen bislang außerordentlich erschwerten, sich als Teil, und zwar als mitverantwortlicher und mittragender Teil einer „industriellen" Gesellschaft zu verhalten. Das beginnt bei der Undurchschaubarkeit des modernen Betriebes, geht über die gewandelten Beziehungen zur Arbeit und endet bei der Unkenntnis der großen Zusammenhänge von Wirtschaft und Gesellschaft.

Es ist bekannt, daß durch Rationalisierung, Mechanisierung, Arbeitsteiligkeit sich der Berufsbegriff, die Beziehungen zur Arbeit gewandelt haben. Wir wissen, daß der junge Mensch, der aus der Intimsphäre von

Familie und Schule kommend in die Arbeitswelt eintritt, dort mit z. T. völlig neuen Verhältnissen fertigwerden muß, daß ihm dort Grundverhaltensweisen, wie z. B. Mitverantwortung, Teamgeist, Arbeitsdisziplin, Selbständigkeit, gute Allgemeinbildung, partnerschaftliches Denken usw. abgefordert werden. Es muß dem jungen Menschen geholfen werden, daß er als Mensch in dieser neuen Welt bestehen lernt. Er muß es lernen, diese Welt geistig-seelisch zu bewältigen.

Die Pädagogen aller hochindustrialisierten Länder sehen die Notwendigkeit, diese Welt und ihre menschlichen Fragen in die Bildungsarbeit der Schule einbeziehen zu müssen. Ich erinnere an alle Reformpläne, die jedoch solange in dieser Hinsicht utopisch bleiben müssen, wie die Pädagogen nicht durch ihre Ausbildung die Möglichkeit erhalten, diese Arbeitswelt selbst so intensiv wie möglich kennenzulernen.

Hier wurde in Kooperation Hilfe zur Selbsthilfe betrieben, die bereits bei den zukünftigen Lehrern an Pädagogischen Hochschulen beginnt. Bislang konnten sich 9000 Studierende in 3 Jahren in einem 6wöchigen Industriepraktikum* (z. T. als Sozialpraktikum) in 4 Wochen Arbeit in der Produktion und 2 Wochen Information über den Betrieb als soziales Gefüge mit den Gegebenheiten und Erfordernissen im betrieblichen Bereich aus unterschiedlichen Perspektiven vertraut machen. Sie konnten die Situation der manuell Arbeitenden erleben und die sozialen und wirtschaftlichen Probleme des Betriebes studieren, um in der Nachbereitung in der Hochschule das Erfahrene pädagogisch zu vertiefen und auszuwerten. Unternehmer und Betriebsrat beteiligen sich an der Gestaltung der Praktika.

Für Pädagogen im Dienst — und zwar aller Schularten — gibt es in fast allen Bundesländern Arbeitskreise Schule-Wirtschaft, in denen die Pädagogen die Arbeits- und Wirtschaftswelt ihres Einzugsbereiches studieren, und zwar auch aus der eigenen Anschauung heraus, die durch Diskussionen mit den Verantwortlichen der Betriebe verdeutlicht und geklärt wird. Die Erfahrungen werden vertieft durch Referate, Literatur usw. Diese Arbeitskreise dienen — besonders dort, wo ein 9. bzw. bereits ein 10. Schuljahr besteht — der Lehrerfortbildung auf dem in den Bildungsplänen geforderten Sektor der Berufsorientierung.

In einem Gesprächskreis Lehrerbildung-Wirtschaft zwischen Professoren Pädagogischer Hochschulen und Ausbildungsbeauftragten großer Betriebe werden didaktisch-methodische Grundsatzfragen durchgearbeitet, um den jungen Menschen in beiden Bereichen wirksame Hilfen zur Bewältigung der technisch-industriellen Welt bieten zu können.

---

* Vgl. „Sozialer Fortschritt". Unabhängige Zeitschrift für Sozialpolitik (Verlag Dunker & Humblot, Berlin) Heft 2/1961, S. 25 ff.

Die Schule soll mit dazu beitragen, den jungen Menschen eine neue innere Beziehung zur Arbeit zu vermitteln. Sie soll für den einzelnen, gleich wo er steht, wieder eine Sinnerfüllung bekommen. Die Schule soll den nach ihren Möglichkeiten gebildeten Menschen, der im Sinne eines realen Humanismus wirklich „für das Leben" gelernt hat, in die Berufswelt entlassen.

Es ist durch Beobachtung und Untersuchungen bekannt, daß zahlreiche Menschen von heute in einem gewissen Sicherheitsstreben soviel wie möglich in ihrer Weiterbildung und damit in ihren sozialen und gesellschaftlichen Aufstieg investieren.

Schon seit Jahrzehnten förderten Unternehmer begabte berufstätige Mitarbeiter. Diese Aufgabe ist in der Gegenwart und für die Zukunft als bedeutsam und im verstärkten Maße als notwendig erkannt worden; wobei, wie die Empfehlung „Förderung begabter Jugendlicher durch Wirtschaft und Betrieb" (September 58) aussagt, „dem begabten geistes- und kulturwissenschaftlichen Nachwuchs eine Förderung in gleicher Weise zuteil werden (muß), wie dem naturwissenschaftlichen und technischen Nachwuchs" und wobei die Förderung den Aufstieg in wirtschaftliche und gesellschaftliche Führungspositionen aller Stufen eröffnen soll. Wichtig ist, daß der einzelne Jugendliche dabei seine Entscheidungsfreiheit und die Wahl seines Weges behalten muß und daß Risikobereitschaft, Verantwortungsfreude und Initiative erhalten bleiben

In der Praxis beginnt in den Betrieben die Förderung bereits damit, daß man Verständnis für das Fortbildungsstreben hat, daß man berät und auf Möglichkeiten hinweist. Arbeitsplatzwechsel im Betrieb, Austausch über den Betrieb hinaus erweitern das Blickfeld. Weiterbildungsprogramme der Betriebe vertiefen die fachliche und allgemeine Bildung. Es könnten eine Fülle von betrieblichen Kursen und anderen Maßnahmen genannt werden.

Besondere Aufmerksamkeit muß dem Auffinden und der Auslese der Begabungen gewidmet werden und zwar vom Vorarbeiter bis zum Betriebsleiter hin. Deshalb werden auch im Meistergespräch usw. immer wieder Fragen dieser Art mitbehandelt, um den Führungskräften Handhaben dafür zu geben, aus der Bewährung am Arbeitsplatz die Geeigneten herauszufinden.

Da man die Wichtigkeit einer gediegenen Allgemeinbildung erkannt hat, fördern zahlreiche Betriebe vor allem außerbetriebliche Veranstaltungen dieser Art (sozialpädagogische Kurse, Volkshochschulen usw.) durch Freistellungen, Kostenübernahme, Materialhilfen usw.

Die Förderung außerbetrieblicher Art geht bis zum Hoch- und Fachschulbesuch, wobei den Begabten entweder durch den Betrieb oder durch überbetriebliche Stiftungen Stipendien und Darlehen gegeben werden, ohne damit unzumutbare Bindungen an den Betrieb zu verknüpfen. Ich kann hier nicht auf die genannten Stiftungen eingehen, sie werden jedoch zumeist bekannt sein.

Im überbetrieblichen Bereich gibt es eine Reihe von Einrichtungen, Berufsfachschulen usw., die von mehreren Betrieben zusammen oder von Verbänden getragen werden.

Es muß hier noch betont werden, daß nicht nur Großbetriebe, sondern Betriebe aller Größenordnungen einschließlich Handwerk und Landwirtschaft Begabte fördern. Ein Stichwort, das hier auch zu nennen wäre, ist der Zweite Bildungsweg, für den ja vor allem die Wirtschaft „Zubringer" ist.

Allgemein ist eine Kooperation von Schulwesen, Arbeits- und Wirtschaftswelt, sozialpädagogischer Einrichtungen, Parteien, Konfessionen und Jugendorganisationen dringend vonnöten.

Erika Böhl:

Aus meiner Funktion als Jugendbildungssekretärin beim DGB-Landesbezirk Nordrhein-Westfalen werde ich zu der Frage der Bildung der Jugendlichen und ihrer Einfügung in die Gemeinschaft sprechen.

Es ist allgemein bekannt, daß die Jugendverbände sich weitgehend um diese Einbeziehung der Jugendlichen bemühen, und daß gerade die Jugendverbände sowohl eine praktische Betätigung in der Selbstverwaltung einer Gruppe bieten, als auch Wissensvermittlung betreiben. Ich glaube, daß hier ein Idealfall im Sinne der politischen Bildung und der Integration in die Gesellschaft vorliegt. Die Übung in der Gruppenarbeit bietet gleichzeitig Bewerkstelligung im menschlichen Miteinander, verlangt darüber hinaus innerhalb der Jugendringe die Zusammenarbeit von Gruppen und Verbänden verschiedenster geistiger und sozialer Prägung. Man ist somit einfach gezwungen, sich mit der pluralistischen Gesellschaft auseinanderzusetzen und kommt dadurch weitgehend dazu, sie zu akzeptieren. Normalerweise sammeln sich die aktivsten Jugendlichen in den Jugendverbänden. Allerdings wissen wir, daß es sich dabei leider nur um einen Teil der jungen Menschen handelt.

Besonders aus diesem Grund werden von verschiedenen Seiten Versuche unternommen, auch die Nicht-Organisierten in irgendeiner Weise anzusprechen. Vielfach wird dabei angestrebt, sie letztlich in die Arbeit der Verbände einzubeziehen. Hier sind besonders die Bemühungen der Kirchen und die der Gewerkschaften zu nennen. Sie haben dafür zum Teil eigene Institutionen geschaffen, die sich um die nichtorgasierten Jugendlichen bemühen.

Es ist bereits zur Sprache gekommen, daß die Jugendlichen recht wenig Freizeit — zumindestens in der Woche — haben. Das ist richtig. In der Praxis ergibt sich häufig, daß ein Ansprechen zur Teilnahme an Veranstaltungen über das Wochenende eher möglich ist als in den Abendstunden. Die Jugendlichen haben an den Abenden ein Ruhebedürfnis, oder wenigstens das Bedürfnis „abzuschalten", das man respektieren muß. Deshalb hat auch die Jugendbildungsarbeit weitgehend ihr Gewicht auf die Wochenenden gelegt.

Wenn es Ziel der Arbeit mit Unorganisierten ist, sie an Verbände heranzuführen, so liegt hierin eine eminente Bedeutung. Letztlich ist eine funktionierende Massendemokratie nur bei Mitarbeit ihrer Bürger in politisch wirksamen Zusammenschlüssen möglich. Je größer der Anteil der Bevölkerung ist, der sich bewußt bindet, desto weniger besteht die Gefahr, daß die Demokratie als Lebens- und Staatsform in Frage gestellt wird. Letztlich muß es um dieses persönliche Engagement in aller politischen Bildungsarbeit gehen.

Ich habe in letzter Zeit häufig mit Schulen zusammengearbeitet und habe, entgegen dem meist schlechten Ruf der Schulen in Hinblick auf politische Bildung, recht gute Erfahrungen gemacht. Zumindest habe ich Aufgeschlossenheit gegenüber diesen Themen feststellen können und den Wunsch, politische Fragen mehr zu behandeln, als das innerhalb des Unterrichts möglich ist. In vielen Fällen war man dankbar für Hilfen. Auch die Jugendlichen fanden sich bereit, an Schulungen teilzunehmen, die in ihrer Freizeit lagen. Das ist natürlich bei Berufsschülern besonders schwierig, da gerade sie nur über wenig Freizeit verfügen.

Ich bin sicher, daß durch eine Intensivierung der Jugendbildungsarbeit eine Integrierung der Jugend in die demokratische Gesellschaft möglich ist. Allerdings ist es Voraussetzung, daß Menschen gefunden werden, die die Jugendlichen verständnisvoll ansprechen können.

Hans Joachim Wuppermann:

Herr Prosessor Dr. Mieskes hat aufgefordert, uns Gedanken über die Integrationshilfe für Jugendliche zu machen. Vom Standpunkt des Unternehmers kann ich diese Aufforderung nur auf das lebhafteste begrüßen. Ich bin der Auffassung, daß das Sorgerecht, besonders die Sorgepflicht des Unternehmers für die verschiedenen Gruppen seiner Mitarbeiter, sich in ganz besonderem Maße auf die Jugendlichen bezieht, weil dies unter dem Thema, unter der menschlichen Forderung steht: „Sie sind uns anvertraut".

Es gibt eine Reihe von anderen Fragen, die ebenfalls die Integration der Jugendlichen betreffen. Dazu darf ich sagen, daß die Unternehmer sich diesen Fragen nicht verschließen. Wie es aus dem Diskussionsbeitrag von Frau Dr. Beelitz zu entnehmen war, gibt es bei der Bundesvereinigung der Arbeitgeberverbände einen Jugendausschuß, der sich seit Jahren mit den dringendsten Problemen auf diesem Gebiet befaßt und eine Reihe von Empfehlungen herausgegeben hat. Ich möchte kurz noch einmal eingehen auf die Empfehlungen, die sich mit den Freizeithilfen für Jugendliche und mit der Flüchtlingsjugend beschäftigen. Die Empfehlung der Bundesvereinigung, die im Januar 1958 herausgekommen ist, zum Thema „Freizeithilfen der Unternehmer und Betriebe für junge Arbeitnehmer" hat ebenso wie die anderen Empfehlungen eine gesellschaftliche Integration der berufstätigen Jugendlichen zum Ziel, dem jungen Menschen nämlich, der im erhöhten Maße gerade im Rahmen der Arbeitszeitverkürzung zu arbeitsfreier Zeit gekommen ist, zur Entwicklung seiner selbst, seiner persönlichen Neigungen zu verhelfen. Eine einseitige individuelle Freizeiterfüllung würde eine Gefahr für die Gemeinschaft, eine reine „Freizeitberieselung" im anonymen Kollektiv eine Gefahr für die einzelne Person bedeuten.

Man könnte jetzt fragen, was dieses Problem den Unternehmer eines Betriebes angeht, ob etwa betriebliche Freizeithilfen den jungen Menschen von der Wiege bis zur Bahre an den Betrieb binden sollen, um ihn von der Teilnahme und Mitarbeit an Jugendorganisationen, Häusern der offenen Tür usw. fernzuhalten. Zur Beantwortung muß ich etwas ausholen. Die Jugendlichen, die in unsere Betriebe kommen, sind im allgemeinen von der Schule nicht genügend darin angeregt worden, etwas Sinnvolles — was mit „nützlich" nicht gleichzusetzen ist — mit ihrer freien Zeit anzufangen. Wir merken immer wieder, daß die 14—15jährigen nicht mehr gewohnt sind, ihre Phantasie spielen zu lassen, sich ihrem Alter entsprechend schöpferisch zu betätigen, daß also wichtige Bereiche ihres Menschseins kaum noch angesprochen werden. Aus diesem Grunde geben sie sich oft kritiklos der Freizeitindustrie preis, weil sie dort teilhaben können, ohne selbst aktiv werden zu müssen. Viele junge Menschen müssen auch darauf hingewiesen werden, daß freie Zeit dazu dienen kann, sich weiterzubilden zu einem verantwortungsbewußten Staatsbürger und Mitarbeiter, und zwar in einer gesunden Mischung von Arbeit und Muße. Es ist bereits bekannt — es ist heute schon angeklungen —, daß weit über die Hälfte der Jugendlichen nicht organisiert ist und aus sich heraus keinen Zugang zu Jugendorganisationen und festen Gruppierungen findet. Die Gründe dafür möchte ich hier außer acht lassen. Hier aber ist der Punkt, an dem wir in unseren Betrieben mit unseren Freizeithilfen ansetzen. Es geht uns dabei um eine Hilfe zur Selbsthilfe, die soweit wie möglich aus dem betrieblichen

Bereich herausführen soll. Wenn man die erwähnte Empfehlung aufmerksam liest, wird man feststellen, daß einer der wichtigsten Sätze hierin der folgende ist: „Der Schwerpunkt aller Freizeitbemühungen liegt im außerbetrieblichen Bereich. Betriebliche Hilfen sollten vor allem denjenigen Jugendlichen Anstöße geben, an die außerbetriebliche Initiativen nicht herankommen oder die sich ihnen fernhalten."

Wir wollen die jungen Menschen an außerbetriebliche Gemeinschaften heranführen, sie, wenn notwendig, überhaupt erst gemeinschaftsfähig machen, wobei wir als Grundprinzip Freiwilligkeit und Eigenleistung geistiger wie materieller Art ansehen müssen. Uns Unternehmern wird es vor allem obliegen, informelle Gruppen auch im Betrieb zu fördern — wenn irgend möglich in Zusammenarbeit mit sozialpädagogischen Verbänden und mit den Jugendsprechern der Betriebe —, Räume und Materialien zur Verfügung zu stellen, außerbetriebliche Freizeiteinrichtungen zu fördern und zu unterstützen (Clubs, Sportplätze usw.), soweit sie wirklich geeignet erscheinen, den Jugendlichen im Betrieb die außerbetrieblichen Bildungsmöglichkeiten aufzuzeigen und sie zur Teilnahme anzuregen.

Ich darf aus meinem eigenen Betrieb einige Beispiele nennen. Wir haben eine Reihe von Freizeitgruppen, wobei zunächst Sportgruppen zu nennen sind, zum Teil als eigene Gruppen, die im Betrieb gebildet worden sind, zum Teil im Anschluß an örtliche Vereine. Dann haben wir z. B. eine Photogruppe, verschiedene Musikgruppen und eine Laienspielgruppe. Wir stellen den Jugendlichen verbilligte Karten zum Besuch von Konzerten, Theater, Vortragsveranstaltungen usw. zur Verfügung. Man könnte meinen, daß sich die Mitwirkung der Firma in erster Linie auf finanzielle Hilfe bezieht und diese etwa als selbstverständlich erwartet und gegeben wird. Dem ist aber nicht so, wir legen bewußt Wert darauf, durch die finanzielle Hilfe zunächst eine gewisse Starthilfe zu geben, aber dann den Jugendlichen klarzumachen, daß es ihre Freizeit ist, die sie auch mit ihrem eigenen Geld gestalten müssen.

Soweit es sich nicht um die tägliche Freizeit nach der Arbeit handelt, sondern um zusammenhängende freie Tage, gibt es eine Reihe von Möglichkeiten, den Jugendlichen Anregungen zu sinnvoller Ausfüllung zu vermitteln. Ich nenne in erster Linie die Urlaubsfreizeiten der Gemeinnützigen Gesellschaft für Jugendfreizeit. Es handelt sich um eine Einrichtung, die nach dem Kriege von Firmen des hessischen und rheinisch-pfälzischen Raumes im Anschluß an Haus Schwalbach geschaffen wurde und wo Jugendliche Urlaubsfreizeiten von 14 Tagen in den sechs Heimen der Gesellschaft — im Hochgebirge, im Schwarzwald und an der See — verbringen können. Die Jugendlichen stellen ihren Urlaub dazu zur Verfügung und leisten noch einen gewissen finanziellen Beitrag. Sie bekommen in den Heimen nicht nur Ernährung und Schlafgelegenheit, wie es in den Jugendherbergen beispielsweise der Fall ist. Wir sehen es als besonders wichtig an, daß in diesen Heimen pädagogisch geschulte Heimleiter tätig sind, die den Jugendlichen Anleitungen oder Hilfen für die Einteilung ihrer Freizeit geben. Als überaus förderlich hat es sich erwiesen, daß sich in diesen Freizeiten Jugendliche von den verschiedensten Firmen aus den verschiedensten Teilen Deutschlands sammeln und vor allem, daß sie zusammenkommen mit den Jugendlichen aus Berlin und Jugendlichen aus der Zone. Wir haben im Laufe einer Reihe von Jahren jugendliche Urlauber unmittelbar aus der Zone gehabt; da das ja leider heute nicht mehr möglich ist, beschränkt sich die Teilnahme jetzt auf jugendliche Flüchtlinge aus den Lagern. Diese Mischung von Jugendlichen aus Westdeutschland und den gleichaltrigen Jugendlichen, die unter einem anderen System aufgewachsen sind, ist außerordentlich wertvoll. Die Gesellschaft für Jugendfreizeit hat auch im vorigen Jahr erstmals in großem Umfange Studienfahrten nach Berlin veranstaltet, die einen staatspolitisch wichtigen und lebendigen Anschauungsunterricht gestatteten.

Natürlich haben wir auch eine Reihe von Jugendlichen, die sich aus der großen Masse ihrer Altersgenossen hervorheben und für die etwas Besonderes getan werden sollte. Die Urlaubsfreizeiten, die ich bisher erwähnte, sind geeignet für sämtliche betriebliche Jugendlichen, gerade für die, von denen wir meinen, sie hätten es nötig, zum ersten Male in ihrem Leben angestoßen zu werden, um ein solches Erlebnis der aktiven Mitarbeit zu haben.

Soweit zum Thema Freizeithilfen. Ich darf noch kurz eingehen auf die jugendlichen Flüchtlinge. Wir müssen uns klar darüber sein, daß letztlich ein großer Teil unseres Wirtschaftswunders darauf beruht, daß wir in Westdeutschland nach dem Zusammenbruch eine große Zahl von Menschen aus dem Osten und aus der Zone hereinbekommen haben, die mit ihrer Arbeitskraft, ihrem Fleiß, ihrer Intensität und ihrem Willen, wieder zu etwas zu kommen, ein außerordentlich wertvolles Element für die Bundesrepublik bilden. Allein unter den Flüchtlingen aus der sowjetischen Besatzungszone haben wir eine Gruppe von vielleicht 1 Million jugendlicher Menschen, die heute in der westdeutschen Wirtschaft tätig sind, davon ungefähr 400 000 Alleinstehende.

Wie sieht der junge Mensch aus, der aus der Zone zu uns kommt? Wie kann man ihm helfen? Es ist ein Irrtum, zu glauben, daß Flucht gleich Ablehnung des Systems und Bejahung unserer Ordnung ist. Auch wenn das System abgelehnt wird, hat die Erziehung vom Kindergarten über die Schule bis zum Beruf im Sinne des Marxismus-Leninismus das Denken geprägt. Man spricht und argumentiert oft unbewußt im Slogan dieses Systems. Der Jugendliche kommt zu uns in die „kapitalistische" Welt mit einem Vorurteil. Persönliche Erlebnisse werden für ihn leicht zu politischen Erlebnissen. Der Lehrlingsausbilder ist nicht irgendein Lehrer, sondern ein Vertreter des Systems, in dem man lebt. Privates Versagen wird dem Versagen der Gesellschaft offen gleichgesetzt. Der Jugendliche aus der Zone ist einerseits bewußt zu unselbständigem Handeln erzogen, andererseits daran gewöhnt, als Jugendlicher hofiert zu werden. Er war dort Träger des Fortschritts, wurde gegenüber den Erwachsenen bevorzugt, bei Leistungen standen ihm alle Aufstiegswege ohne persönliche Opfer offen. Das Verhalten dieser jungen Menschen führt bei uns in den Betrieben leicht zu Fehlurteilen, die eine Eingliederung erschweren. Manche Mitarbeiter sehen in ihnen verkappte Kommunisten, begegnen ihnen mit Mißtrauen und wollen mit der Umschulung beginnen. Oder man läßt sie laufen und tut ihnen damit erst recht nichts Gutes, da sie an ein verplantes Leben gewöhnt sind. Sie brauchen also menschliche Kontakte, Hilfe und Anregung, um aus dem kollektiven Denken herauszukommen und sich zu selbständigen Personen zu bilden. Es gibt noch eine Reihe von Sonderproblemen, ich nenne nur die abgebrochene Lehrzeit, die erstmalige Tätigkeit als Hilfsarbeiter, um mehr zu verdienen und dergleichen. Mit all diesen Problemen müssen sich die Führungskräfte und Mitarbeiter in unseren Betrieben beschäftigen. Man kann Hilfestellung geben durch Einrichtung von Patenschaften, Einsatz von besonderen Jugendbetreuern usw., vor allem aber sollte man ihnen die verschiedensten Bildungshilfen vermitteln.

Dr. Heinz Markmann:

Mit den Grundpositionen von Herrn Prof. Mieskes kann ich mich weitgehend einverstanden erklären, vor allem mit seiner These, daß die großen Gemeinschaften wie Volk und Staat, die sich über die pluralistisch gegliederte Gesellschaft wölben, wertbezogen und werterfüllt sein müssen. Nur so können sie auf die Jugendlichen anziehend wirken, auf eine Jugend, die mit romantischen Ideen und Phrasen nicht mehr zu locken ist, da sie ihre Position zur industriellen und rationalen Welt bereits sehr nüchtern bezogen hat.

Die Integrationsbereitschaft dieser Jugend, auch wenn sie die Nazizeit und die schweren Nachkriegsjahre nicht mehr bewußt erlebt hat, ist doch von den Berichten der Älteren beeinflußt. Von hier aus ist auch ihr Verhältnis zu den Verbänden, Körperschaften und Gruppen im öffentlichen Leben geprägt. Es ist die Aufgabe der älteren Generation, der Jugend den Weg in die verschiedenen Gruppen und Institutionen dadurch zu erleichtern, daß sie sachlich darstellt, was damals bei uns gewesen ist. Der Jugend muß deutlich gemacht werden, daß sie sich in die demokratischen Institutionen integrieren muß, weil nur diese die

Freiheit und die Würde des Menschen und damit alle anderen Grundrechte garantieren können.

Da dem jungen Menschen Begriffe wie Volk, Staat, Nation oder Gesellschaft nicht viel zu sagen vermögen, muß der Integrationsprozeß von vielfältigen Zwischeninstanzen zwischen den einzelnen und den abstrakten Integrationszielen getragen werden. In diesen Zwischeninstanzen lassen sich die Grundwerte, auf denen unser Leben beruht, auch vom jungen Menschen deutlich erkennen und verwirklichen. Es sei mir gestattet, daß ich als eine dieser gesellschaftlichen Zwischeninstanzen die Gewerkschaften nenne. Wie wichtig es ist, zunächst einmal die Arbeitswelt menschenwürdig zu gestalten, wissen wir nach all unseren Erfahrungen seit der Frühzeit der Industrialisierung; wir wissen es seit unseren Erfahrungen mit den Diktaturen von links und rechts, und wir wissen auch um die Gefahren der Selbstentfremdung des Menschen. Wir dürfen auch nicht vergessen, daß rund 80 vH unserer Jugendlichen direkt von der Volksschule hinweg in den Beruf gehen, und gerade diese Jugend wollen wir an die größeren Gemeinschaften heranführen. Von hier aus müssen die Forderungen der Gewerkschaften nach Wirtschaftsdemokratie verstanden werden. Aus dieser Grundforderung entspringen auch alle die gewerkschaftlichen Zielvorstellungen und deren Verwirklichung in Teilbereichen, wie etwa der Mitbestimmung, der Arbeitszeitverkürzung, besserer Berufsausbildung usw. Das ist mehr als nackter Machttrieb einer starken Organisation innerhalb der Gesellschaft. Es steht vielmehr primär dahinter die Forderung nach verantwortlicher Mitgestaltung eines so wichtigen Teiles des alltäglichen Lebens unseres Volkes, wie es die Erwerbstätigkeit nun einmal ist.

In der gewerkschaftlichen Arbeit können wir der Jugend eine Schule praktischer Demokratie darbieten, wo sie aktiv tätig sein kann, wo sie aber auch zunächst lediglich beobachtend, betrachtend und gegebenenfalls sogar mit kritischer Distanz die Spielregeln der Demokratie und das lautlose Wirken der demokratischen Grundidee erlebt.

In dem Referat von Frau Prof. Münke sind einige Stichworte angedeutet worden, wie etwa das so wichtige Problem der Chancengleichheit beim Eintritt in das Berufsleben. Hier haben wir doch in der Tat Differenzierungen von der sozialen Herkunft, von der Schulbildung und der Berufsausbildung her. Es soll hier gar nicht vom Bildungsmonopol gesprochen werden, aber die Gewerkschaften stehen auf dem Standpunkt, daß auf diesem Gebiete noch sehr viel getan werden muß, nicht nur im Interesse des einzelnen jungen Menschen, sondern darüber hinaus zum Nutzen der Gesamtheit.

Hier schließt sich auch die Forderung nach längerer Freizeit an, die dem Jugendlichen nicht nur die Gelegenheit zur Weiterbildung, sondern auch die Muße zum Nachdenken und zum Abstandgewinnen geben muß, um ihn gegen die Apparaturen der Freizeitindustrie abzuschirmen und ihn bereit zu machen, in die großen Gemeinschaften hineinzuwachsen.

Die Gewerkschaften verfügen über eine Fülle von Einrichtungen allein zu dem Zweck, den jungen Menschen aufgeschlossen zu machen für alles das, was über die bloße Routine des Alltags hinausgeht. Sie sind stolz auf ihre vielfältigen Bildungsstätten, die sie für die interessierte Jugend bereitstellen kann. Ohne diese Hilfe würde es der Jugend schwerfallen, sich zu Vollbürgern dieses Staates zu entwickeln und ihre Aufgaben in Staat und Gesellschaft und am Arbeitsplatz richtig zu erfüllen.

Prof. Dr. E. Gerfeldt:

Zu den beiden Vorträgen darf ich kurz auf zwei biologische und sozialpsychologische Voraussetzungen hinweisen, die in unserer und in internationaler Sicht die Gestaltung der Integration wie auch die Planung der Lebensführung entscheidend beeinflussen, nämlich

1. die zunehmende soziale Strukturveränderung und
2. der besondere Zeitsinn der Jugendlichen.

Wir sehen, daß bei den sozialbewußten Familien das Verantwortungsgefühl zunimmt, während die sozial weniger bewußten oder sogar asozialen Familien sich gern auf fremde Hilfe verlassen. Die aufstrebenden Bevölkerungskreise hielten bisher vielfach die Zahl ihrer Kinder klein, um ihnen aus eigenen Mitteln eine gute Ausbildung zu bieten. Die laxer denkenden Schichten jedoch bekamen viele Kinder mit der Begründung, in ihnen sei ihr Kapital und die Sicherung ihrer eigenen Altersversorgung zu sehen. Die soziale und wirtschaftliche Entwicklung der neuesten Zeit hat aber bei den sozialbewußten Eltern einen Wandel der Auffassung herbeigeführt und sie gelehrt, daß die Stabilisierung des sozialen Lebens von ihnen eine größere Zahl leistungsfroher Kinder erfordert.

Diese veränderte Einstellung zur Gemeinschaft hat auch ihre sozialpsychologische Grundlage. Der Zeitsinn ist bei den Jugendlichen anders als bei den Erwachsenen. Diese sind fast immer in Zeitnot vor der Fülle der sie bedrängenden Aufgaben. Der Jugendliche aber steht vor einem weiten Neuland, er will viel lernen, sieht seine Lücken und hat viel, sogar sehr viel Zeit. Auch das Streben nach „Sicherheit" im künftigen Beruf spricht nicht dagegen. Bei den Erwachsenen sucht er Anregungen, Hilfe und Vorbilder. Findet er diese nicht, dann wendet er sich ab, geht eigene Wege oder gerät auf Abwege.

In diesen beiden Prämissen bieten sich auch die Ansatzpunkte zur Gestaltung der Integration bei den Jugendlichen sowie zur Lebensgestaltung durch eine den Neigungen und Fähigkeiten angemessene Berufswahl.

Prof. Dr. Hagen:

Gemeinsam mit dem Psychologen Prof. T h o m a e habe ich als Mediziner im Jahre 1952 eine wissenschaftliche Arbeitsgemeinschaft für Jugendkunde begründet, die sich seitdem mit jährlichen genauen ärztlichen und psychologischen Untersuchungen einer Gruppe von Schulanfängern und Schulentlassenen befaßt. Während die 1953 aus der Schule entlassenen Kinder inzwischen aus unserem Blickfeld ausgeschieden sind, sind die Volksschüler der größeren Gruppe der damals im ersten Schuljahr befindlichen Kinder im Vorjahre in den Beruf hinausgetreten, soweit sie nicht an höheren Schulen sind. Über die dreijährige Beobachtung der Schulentlassenen des Jahres 1953 haben wir in einem Band „Jugendliche in der Berufsbewährung" (Thieme, Stuttgart) berichtet. Bei der jüngeren Gruppe stehen wir mitten in der Beobachtung, und dabei ist uns natürlich jede Erhebung interessant, die sich mit ähnlichen Problemen beschäftigt. Von der Fülle der Bemerkungen von Frau Prof. Münke möchte ich nur einiges herausgreifen.

Da ist zunächst das Problem der Integrierung der Kinder in die soziologische Gruppe des Werktätigen. Diese Notwendigkeit, sich plötzlich in einer ganz anderen Welt zurechtzufinden, fällt mitten in die Bildung des Wertsystems, das, wie Sivadon auf dem Internationalen Kongreß für soziale Arbeit in Rom kürzlich sagte, die Matrize bildet, welche in Zukunft zur Klassifizierung von Menschen, Ereignissen und Welten dient. Dieser sehr wichtige Prozeß beginnt beim Jugendlichen in der Pubertätszeit. Das kann sich durch die Wahl eines persönlichen Vorbildes — eines Schwarmes oder Helden — ankündigen. Ein bestimmtes soziales Milieu wird angestrebt und in besonderen Fällen wird ein Lebensideal entwickelt. Die höheren Schüler haben es hier auch leichter. Sie haben mehr Zeit dazu, aber sie verlieren sich auch leichter, mangels der Korrektur durch die rauhe Wirklichkeit im Irrealen. Die Idealgestalten aus Sage und Geschichte haben ihren Reiz verloren, und der Mythus um Adolf Hitler ist vorbei. Streichen wir von seiner Figur das Politische, dessen Wert der heutigen Jugend mit Recht sehr suspekt geworden ist, so ist der Unterschied zum „Schnulzenheros" nicht mehr groß. Aber auch dieser genießt keine absolute Wertschätzung und die Jugendlichen-Krawalle sind überholt. Die alten Wertsysteme sind nach langer Geltungszeit nach dem ersten Weltkrieg tief erschüttert worden. Wir haben in unserer Jugend in der Opposition gegen sie eine radikale,

d. h. auf die Wurzel zurückgehende Lösung gesucht. Das Scheitern dieser Lösung im Dritten Reich hat sie ein für allemal erledigt. Die Situation des jetzigen Jugendlichen ist also nicht ganz leicht. Er findet kein bekämpfenswertes Wertsystem vor.

Die Erwachsenen zeigen, daß man im Kompromiß am besten lebt. Der Materialismus, in dem wir leben, ist bequem. Die Einordnung in sein System ist leicht. Warum soll man also dagegen ankämpfen? Anpassung ist das beste, und die Anpassungsfähigkeit unserer Jugend ist erstaunlich. Sie ist überall informiert, aber nur oberflächlich. Beginnt sie aber kritisch zu werden, so fällt es sehr leicht, in Bausch und Bogen abzuurteilen und auf die andere Seite hinüberzuwechseln, die mit ihrem totalitären Anspruch zweifellos imponiert und Forderungen an die Leistungen der einzelnen stellt. In Rom sprach ich mit einer jungen Frau, die in Frankfurt geboren ist und nun in Israel in einem Kibuz lebt. Auf meine Bemerkung, daß sie es doch sehr schwer habe, antwortete sie: „Wir sind glücklich, wir haben eine Aufgabe." Der Sehnsucht nach einer wegweisenden Aufgabe begegnen wir aber auch bei einigen Jugendlichen, mit denen wir jetzt zu tun haben. Das sind wenige, aber das sind auch diejenigen, welche eine wirklich bewußte Berufswahl treffen. Der Wille zum sozialen Aufstieg ist dabei oft ausgeprägter als die Neigung zu einer bestimmten Tätigkeit. Es ist nun interessant, daß bis auf die Prozentzahl genau die Motivgestaltung bei der Berufswahl, die wir gefunden haben, mit dem übereinstimmt, was Frau Münke festgestellt hat. Mindestens die Hälfte tastet sich einfach in den Beruf hinein, der sich zunächst anbietet. Was sie dann daraus machen, ist eine ganz andere Frage. Wir müssen doch zugeben, daß selbst bei Akademikern die Frage, für welches Fach sie sich im entscheidenden Moment entschließen, weitgehend von äußeren Zufälligkeiten abhängt. Die Bewährung im Beruf hängt dann, wie wir bei unseren Untersuchungen gesehen haben, nicht wesentlich von der selbständigen Berufswahl ab. Wir haben eine Reihe von Mißerfolgen gerade dann gesehen, wenn ein Beruf angeblich aus Neigung gewählt wurde. Die jungen Menschen haben ihre eigene Leistung überschätzt oder sie haben ein falsches Wertsystem, etwa nach dem Kinoklischee aufgebaut und deshalb ein falsches Berufsideal entwickelt. Wir haben andere gefunden, die sich mit besten Erfolgen in einem ursprünglich nicht gewählten Beruf eingerichtet haben. Es gibt nämlich viele junge Menschen, die man überall gebrauchen kann, weil sie tüchtig sind.

Nun haben wir uns gerade in der letzten Zeit die Frage vorgelegt, was ist eigentlich das Merkmal eines sog. tüchtigen Menschen. Wir wollen versuchen, es exakt durch eine Analyse verschiedener Gesichtspunkte herauszubekommen. Es ist nur zum Teil der Intellekt. Es ist zum Teil die Beharrlichkeit und Ausdauer. Es gehört ein bestimmter Willensantrieb dazu, und die Schulleistung gibt darüber nur beschränkt Auskunft. Alle diese Dinge gehören in einer optimalen Mischung zusammen. Fast das wichtigste ist die Fähigkeit des Kontakts, der Wille zur Einordnung in eine bestimmte soziologische Gruppe, ohne dabei auf den eigenen Chrakter und den eigenen Willen zu verzichten. Da sind noch so viele interessante Dinge; aber alles in allem kann ich nur wiederholen, was Frau Münke vorhin sagte: Die Beschäftigung mit den Jugendlichen bringt für beide Teile so viel Gewinn, macht so viel Freude.

Erich Knirck:

Herr Prof. Dr. Mieskes hat den Satz gesagt: „Wer die Jugend hat, hat die Zukunft" und hat ihn gleichzeitig ad absurdum geführt. Man könnte ihn vielleicht auch umdrehen und sagen „wer die Zukunft hat, der hat die Jugend".

Ich möchte im Sinne der eben gemachten Ausführungen sagen, daß der Gedanke der Integration heutzutage lebenswichtiger und lebensnotwendiger denn je ist, und daß wir der jungen Generation unterstellen, daß sie integrationswillig und integrationsfähig ist. Man könnte diese Aussage durch eine Fülle praktischer Beispiele gerade aus der Freizeitbetätigung und der Gruppenbildung junger Menschen belegen. Ich möchte jedoch darauf verzichten, noch Näheres dazu zu sagen. Herr Prof. Mieskes hat davon gesprochen, daß wir nicht „schulen", nicht „Wissen vermitteln" sollen, sondern daß gerade die Jugendbildungsräume auch Jugendintegrationsräume sein müssen. Ich glaube, aus meiner Erfahrung sprechen zu können, die ich mit etwa 3500 jungen Menschen jährlich bei Sozialpädagogischen Kursen des Christlichen Jugenddorfwerkes Deutschlands gemacht habe. Etwa 700 Jugendliche kommen im Jahr in Gruppen auf freiwilliger Basis in den sog. Jugenddorf-Clubs zusammen und bleiben beieinander. Daran kann man feststellen, daß dieser Prozeß der Integration durch Bildungsarbeit bei uns schon im Gange ist. Leider aber werden diese Beispiele zu wenig beachtet und herausgestellt. Und darunter leiden die jungen Menschen. Sie beschweren sich darüber, daß sie von den Erwachsenen zu sehr als Halbstarke angesehen werden. Es wäre also sicher sehr wichtig, daß wir die so positiven Beispiele mehr herausstellen, und ich glaube, das wäre auch eine Aufgabe der Gesellschaft für Sozialen Fortschritt.

Besonders hat mich auch als in Süddeutschland lebender norddeutscher Familienvater angesprochen, daß die Sprache als Integrationsmedium vernachlässigt wird. Ich glaube, daß wir hier noch sehr unter der vergangenen Zeit leiden, die die deutsche Tradition einseitig überbewertete. Wir sollten endlich begreifen, daß die Pflege unserer deutschen Sprache nicht nur ein nationales Anliegen, sondern eine grundlegende Frage für die Bildung des Charakters und der Ausdrucksweise eines Menschen ist, also ein besonderes Anliegen menschlicher Kultur.

Ein besonderes Integrationsproblem ist die Integration zwischen Arbeitern und jungen Angestellten, zwischen Einheimischen und Flüchtlingen, wobei das Wort Flüchtling weit gefaßt sein muß, sowie zwischen Abiturienten und Volksschülern. Ich erwähne das, weil bei uns sicher weithin der Eindruck vorhanden ist, daß es ein solches Problem überhaupt nicht mehr gibt. Das zu glauben aber wäre ein verhängnisvoller Irrtum. Dieses Problem kann trotz der Integrationswilligkeit und -fähigkeit der Jugend plötzlich wieder aufbrechen, denn Integration kann sich nur in einem bestimmten Raum entwickeln. Nur wenn wir diesen Raum wirklich schaffen vom Pädagogischen her, dann vollzieht sich Integration, dann wachsen die Menschen anders. Deshalb möchte ich die Jugendarbeit, Jugendsozialarbeit und Jugendbildungsarbeit in dem Sinne, wie es Herr Prof. Mieskes auch ausgeführt hat, als eine Integrationsarbeit verstanden wissen, als eine Bildungsarbeit, die aus der Oberflächlichkeit herauskommt und Kraft und Tiefgang in ihrem Vollzug entwickelt.

Schlußwort

D. Klaus von Bismarck

Mit wenigen Stichworten möchte ich noch auf einige Fragen eingehen, die es gleichsam verdienen, noch weiter durchdacht zu werden. Einer unserer Gäste, unser Freund aus Indien, hat mit Recht darauf hingewiesen, daß die Bedeutung der Situation des Kleinkindes für alles, was mit der Integration zusammenhänge, vielleicht nicht genügend gewürdigt worden sei.

Ich möchte ein weiteres Stichwort in den Raum stellen. Es ist gefragt worden, ob nicht etwa das Abzahlungsgeschäft eine gefährliche Infektion für Jugendliche darstelle. Ich bin bei dieser Frage an meine Erfahrungen in den Berglehrlingsheimen erinnert worden. Dabei habe ich feststellen können, daß wiederholt Jugendliche in diesen Heimen zu Abzahlungsgeschäften überredet worden sind, die weit über ihre finanziellen Kräfte hinausgingen. Man sollte dieses Problem gründlich untersuchen, um Schlußfolgerungen ziehen zu können. Es hat sich zumindest beim Bergbau gezeigt, daß junge Leute in ihren Heimen besonders leicht beeinflußt und zu Abzahlungsgeschäften überredet werden können. Ich glaube, daß es auch für die Gesellschaft für Sozialen Fortschritt lohnend wäre, wenn wir gemeinsam mit den Sozialpartnern überlegen würden, ob die Situation zahlreicher Jugendlicher, die auf Grund unserer mobilen industriellen Gesellschaft in Heimen und nicht zu Hause untergebracht sind, nicht unserer besonderen Beachtung bedarf.

Herr K n i r c k hat davon gesprochen, und ich stimme ihm voll zu, daß sich die Integration immer auf begrenzte Räume zu beschränken habe. Wenn man das bejaht, dann ist es nützlich, den erregenden Tatbestand zu untersuchen, wie hoch die Anzahl der jungen Menschen ist, die um ihres Fortbildungsbedürfnisses und -strebens aus einer mehr ländlichen Situation in die Großstadt gehen, die sich also in einer Pendlersituation befinden. Auch sollte man ergründen, warum diese Menschen mit ihrer Landgemeinde wenig oder gar nicht mehr integriert sind.

Noch ein weiteres möchte ich erwähnen: Es war auch die Rede davon gewesen, wie man der Jugend helfen könne, daß sie sich für die entscheidenden Werte unserer Gesellschaftsordnung, Freiheit, Demokratie, wirklich bis zum letzten einsetzt. Ich habe den Eindruck, daß junge

Menschen den Fragen nach dem Sinn des Lebens oder den letzten Werten unseres Daseins oft etwas gequält und ablehnend gegenüberstehen. Dagegen sind die Fragen der Charakterbildung, der Ausbildung, der Bewährung im Beruf den Jugendlichen kenntnisnah und werden von ihnen bejaht. Aber daß es einen letzten Wert geben könnte, für den man sich mit Leib und Seele einsetzt, ist für viele unter ihnen fremd und nicht aktuell. Es mag zwar eine Ahnung und der Wunsch im Hintergrund sein, daß es so etwas Erhebendes doch geben müsse. — Uns lehrt dieser Tatbestand, daß wir lernen müssen, in geschichtlich längeren Rhythmen zu denken und Verständnis dafür zu haben, daß ein solches Ahnen bei vielen Jugendlichen vorhanden ist.

Oft stelle ich mir die Frage, ob wir uns eigentlich ausreichend Zeit nehmen, um diese jungen Menschen auch in ihrem Denken zu begleiten, um neben ihnen als Eltern und nicht als Jugenderzieher zu gehen, ob wir wirklich mit Überlegung mit ihnen reden, um dann mit behutsamer Hand helfend eingreifen zu können, wenn sie wirklich von innen her Fragen an uns stellen.

Abschließend müssen wir uns noch fragen, was konnte der Sinn dieser öffentlichen Veranstaltung sein? Die Tagung konnte nur sichten und in bescheidenem Ausmaße klären. Wenn ich Rückschau halte, so muß ich dankbar feststellen, daß wir uns einer allgemeinen und fruchtlosen Kritik enthalten haben. Prof. Dr. Schelsky hat einmal gesagt, daß apokalyptische Vorstellungen nur ein purer Reflex der Irritiertheit der Erwachsenen seien. Es konnte daher nicht Aufgabe dieser Veranstaltung sein, mit einer vielsagenden Resolution zu enden, sondern wir wollten die für Jugendprobleme verantwortlichen Menschen anregen, neue Impulse für ihre Tätigkeit aufzunehmen und neuen Gedankengängen nachzugehen.

Ich habe das Gefühl, daß uns dies bei dieser Tagung wohl gelungen ist. Ich darf daher die Hoffnung aussprechen, daß die hier gegebenen Anregungen gleich einer Kettenreaktion weitergetragen werden.

Printed by Libri Plureos GmbH
in Hamburg, Germany